RÉPONSE

DE LA

BIBLIOTHÈQUE NATIONALE

A M. FEUILLET DE CONCHES

PAR

M. NAUDET
Administrateur général de la Bibliothèque

PARIS
TYPOGRAPHIE PANCKOUCKE
Rue des Poitevins, 8 et 14

1851

RÉPONSE

DE LA BIBLIOTHÈQUE NATIONALE

A M. FEUILLET DE CONCHES

RÉPONSE

DE LA

BIBLIOTHÈQUE NATIONALE

A M. FEUILLET DE CONCHES

PAR

M. NAUDET
Administrateur général de la Bibliothèque

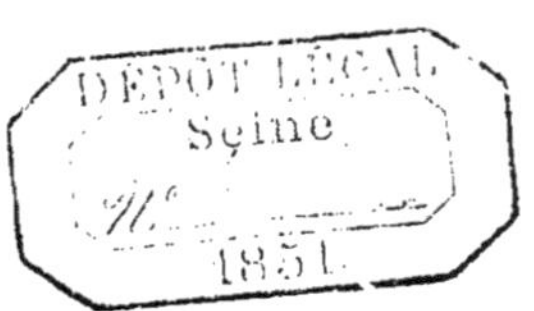

PARIS
TYPOGRAPHIE PANCKOUCKE
Rue des Poitevins, 8 et 14

1851

RÉPONSE

DE LA BIBLIOTHÈQUE NATIONALE

A M. FEUILLET DE CONCHES.

Après avoir distribué clandestinement aux magistrats, pendant le cours d'un procès contre la Bibliothèque nationale, trois factums, dont les deux premiers, de 156 pages, ne sont venus à la connaissance de sa partie adverse que par une communication, tardive encore, du troisième (chose inouïe dans les usages du palais !), aujourd'hui M. Feuillet de Conches vend ses trois factums réunis en un seul pamphlet. M. Feuillet de Conches tire parti de tout.

Le pamphlet a conservé l'épigraphe du premier factum :

> Bilboquet. — Gringalet, ne laisse rien traîner.
> Gringalet. — Cette malle est-elle à nous?
> Bilboquet. — Elle doit être à nous.
>
> (*Les Saltimbanques*, acte I, scène 11, par M. Dumersan, conservateur adjoint à la Bibliothèque nationale.)

Il a pour titre : *Réponse à une incroyable attaque de la Bibliothèque nationale*, etc., etc.

Il se vend 5 fr. chez Laverdet, Amyot, Jannet, Potier, Techener.

Je donne toutes ces indications, parce que je voudrais contribuer, pour ma part, autant que possible au débit de cet écrit; s'il ne tenait qu'à moi, tout le monde le lirait. Ce serait la première punition de M. Feuillet de Conches, et un excellent moyen de défense pour notre cause, qui n'est pas irrévocablement perdue. L'opinion publique ne manquerait pas de venir à notre aide. En effet, tout ce fracas d'exagérations déclamatoires à travers un courant de propos bouffons, ce caquetage d'historiettes de fantaisie, mêlées à de longues tirades de personnalités envenimées, grand renfort de moyens extra-judiciaires, sans accent de vérité, sans respect des bienséances, trahissent trop évidemment le besoin de distraire le lecteur de l'objet essentiel, de substituer des préventions malignes à de bonnes raisons qu'on n'a pas, et de déguiser l'inanité des preuves, la témérité d'assertions incroyables, par une affectation de bel esprit et de belle humeur. Tout cela doit répugner aux honnêtes gens. Que serait-ce si nous étions appelés à discuter, contradictoirement avec l'auteur, chacune des propositions qui touchent au fond de l'affaire? Examinons.

I.

Origine du procès.

Il convenait à M. Feuillet de Conches de nous représenter comme des agresseurs, et des agresseurs forcenés; voici la scène qu'il invente (p. 17-19) :

« A peine le pamphlet, puisqu'il faut l'appeler par son nom, eut-il été lancé par M. Jubinal, que l'émotion fut au Conservatoire de la Bibliothèque, dont il défraya deux séances. On en discuta les dires et attaques. Et d'abord, vidant les questions de personnes, on entendit l'un des conservateurs....

« On passa ensuite à ma lettre de Montaigne.

« Il faut attaquer M. Feuillet, dit un des conservateurs : il s'est déjà montré l'ennemi de la Bibliothèque dans l'affaire du Molière (1), étant de ces gens-là qui se font sur les autographes un chimérique empire.

« J'avais différé, en effet, d'avis, comme j'en diffère encore, avec M. Naudet sur cette question (2)....

(1) Il serait bien difficile à M. Feuillet de prouver qu'il ait été dit rien de semblable. — Voir ci-après aux *Pièces justificatives*, pièce A, à la note.

(2) M. Feuillet, dans sa lettre du 2 janvier 1846, à M. Chaix-d'Est-Ange, citée par M. Libri (*Lettre à M. de Falloux*, p. 257), disait : « Feu M. Campenon, l'un des quarante de l'Académie française, entre les mains de qui je l'ai vue (la signature autographe de Molière) maintes fois, il y a neuf ou dix ans, m'a dit l'avoir achetée au département des manuscrits de la Bibliothèque, où M. Dacier, alors conservateur, aliénait, au profit de ce dépôt, les quittances doubles sur parchemin, etc.» Voici ce qu'écrivait, dans le même temps, M. de Monmerqué, conseiller à la cour royale : « Je sais que, dans un procès que vous soutenez relativement à une signature de Molière.... je me souviens qu'il me fut dit (par M. le conservateur des manuscrits du roi) qu'eût-on plusieurs signatures de saint Vincent de Paul, de Molière, ou de quelque autre personnage très-important on ne m'en donnerait pas (même en échange d'un manuscrit historique proposé , et que je répondis que je ne portais pas si haut mes prétentions. » — Voir ma *Lettre à M. Libri*, p. 25.

« J'avais, du reste, exprimé mon témoignage avec une extrême modération, ce qui aurait dû exclure à mon endroit la qualification d'ennemi d'une Bibliothèque où je compte de si nombreuses amitiés (1). Mais quoi ! les attaques violentes du pamphlet contre la Bibliothèque avaient fait prendre de l'humeur aux puissances, et il fallait une victime (2) pour expier le forfait de l'auteur qui ne donnait point prise à une action judiciaire. Je n'avais pas, que je sache, « tondu d'un pré la largeur de ma langue : » ce nonobstant, on cria haro ! et finalement un conservateur, « quelque peu clerc, » M. Hauréau, reçut mission de faire un rapport sur la question en revendication de cet autographe de Montaigne, d'où venait tout le mal.

« Le bruit de la délibération (tout se sait) ayant transpiré, j'examinai la question et pris un parti sur-le-champ. Homme d'administration depuis trente-cinq ans, il m'était particulièrement odieux d'avoir à lutter contre des agents, même indiscrets, de l'Etat. En toute autre circonstance, il ne m'eût rien coûté de faire le sacrifice en pur don de ma lettre (ce n'eût pas été le premier présent que j'eusse fait à la Bibliothèque).... J'écrivis à M. Naudet une lettre où, après lui avoir rappelé les faits cités plus haut, j'ajoutais :

« Un pamplet récent, etc.

« Ma lettre était du 18 février »

M. Feuillet de Conches a été étrangement trompé par ceux qui font transpirer jusqu'à son oreille ce qui se passe au Conservatoire. Il ignore ce qu'il y a de vrai, le calme et la mesure dans la délibération ; il sait des choses qu'on n'a point faites, auxquelles on n'a pas même songé. L'honnêteté aurait dû lui conseiller de ne pas se mettre tant en dépense d'esprit pour étaler une fiction. Je vais rétablir la vérité historique.

Il y a deux parties dans la brochure de M. Jubinal : 1° une espèce d'avant-propos rempli d'imputations odieuses contre la Bibliothè-

(1) Il y a sept conservateurs et treize conservateurs adjoints à la Bibliothèque ; s'il s'en trouve quatre qui acceptent la qualification d'ami de M. Feuillet, je lui donne gain de cause. Pourquoi, d'ailleurs, médire avec tant d'amertume et si peu de raison de *la pauvre Bibliothèque*, où il compte tant d'amis ? pourquoi l'accuser des *désordres les plus déplorables*, et de *haines et de guerres intestines* qui feraient que *tels de ces hommes de bibliothèque et de science se prendraient à la gorge dans le paradis* (p. 109) ? Ses amis exceptés, les discordes intestines de la Bibliothèque sont aussi vraies que le grand nombre d'amitiés qu'il y compte.

(2) Voilà un grand mot, qui accuse une imagination exaltée ou insidieuse. Décidément, M. Feuillet tient à se donner pour victime. Il l'avait dit déjà dans sa préface, p. 2.

que [illegible] général et contre un conservateur en particulier, un de ceux qui se montrent le plus empressés à satisfaire le public sérieux et studieux ; 2° une dissertation où, voulant prouver, au profit d'un certain client, qu'on a volé, pillé depuis longtemps les bibliothèques publiques, il se lance en enfant terrible sur l'autographe de son ami M. Feuillet de Conches.

Dans le temps que cette brochure parut, il arriva que le Conservatoire eut une séance extraordinaire, dont M. Feuillet se garde bien de fixer la date (il lui importe de confondre les choses et les temps), c'était le samedi 16 février 1850 (1) : on avait à traiter de deux affaires urgentes, une proposition de M. le directeur général des musées et une communication de M. le ministre des travaux publics. A la fin de cette séance extraordinaire, le conservateur outragé par M. Jubinal se plaignit devant ses collègues : on fut indigné des calomnies, chacun en dit son sentiment. De l'autographe de Montaigne, de la possession de M. Feuillet, il n'en fut nullement question, on n'en dit pas un mot (2).

M. Feuillet a beau s'écrier que le Conservatoire se met à la remorque de M. Jubinal, que M. Jubinal nous a ouvert la voie ; à qui le fera-t-il croire? Est-ce qu'on attendait la révélation de M. Jubinal pour savoir que l'autographe de Montaigne figurait dans la collection de M. Feuillet ? Il n'y avait presque pas un conservateur qui n'en fût parfaitement instruit. Plusieurs l'avaient vu chez lui dans un cadre ; il me l'avait montré à moi-même, il y a quelques années, lorsque j'allai causer avec lui d'une certaine affaire Tiran, sur laquelle je reviendrai. Personne ne se serait cru autorisé, personne ne songeait à revendiquer cette pièce, tant qu'elle ne se produisait pas en vente publique, ou qu'il ne la jetait pas lui-même dans l'arène, avec son défi. Et quand nous aurions été possédés de l'ardeur belliqueuse que M. Feuillet nous prête si gratuitement, quel tribunal aurait reçu, quel officier public se serait chargé de déférer notre plainte.... fondée, sur quoi ?... Sur la brochure de M. Jubinal?

Non, non, l'agression ne vient pas de nous ; pure invention de M. Feuillet, ruse de guerre pour avoir l'air de se défendre lorsqu'il provoque, se croyant forcé par la rumeur publique à provoquer. Non, il n'est pas vrai, il n'était pas possible, qu'il *allât au-devant de l'hostilité du langage tenu dans une séance du Conservatoire,* où l'on n'avait pas seulement parlé de lui. Mais il se pressait

(1) Le Conservatoire s'assemble une fois par semaine le mercredi.
(2) Voir aux *Pièces justificatives*, pièce A, le procès-verbal de la séance.

de conjurer le péril qui apparut tout d'abord à sa conscience troublée. Je n'interprète point, je ne suppose rien ; M. Feuillet explique trop bien lui-même ses sentiments et ses motifs (p. 72) : « Et quand, dans ces derniers temps, je mis de nouveau la Bibliothèque en demeure, tant s'en faut qu'il me restât le moindre doute, et que je me livrasse à la discrétion du Cabinet des manuscrits. J'allais loyalement au-devant de l'hostilité du langage tenu dans cette séance du Conservatoire où l'on s'était permis de discuter mon nom (1).... La publicité de l'attaque étourdie de M. Jubinal, qui avait fait écho dans les journaux, m'imposait la nécessité de pousser résolument au monstre. »

Il fallut donc que M. Feuillet mît le Conservatoire *en demeure* de se prononcer, pour que l'autographe y devînt l'objet d'une question. Effrayé, comme on voit, du bruit que faisait la brochure de M. Jubinal, il résolut, selon son expression, de *pousser au monstre*, comme l'Hippolyte de Racine, c'est-à-dire, de hasarder une épreuve, cette fois réelle, dans le genre de l'enquête de 1837, que M. Feuillet raconte toujours à sa manière : enquête mystérieuse et demeurée un mystère pour le département des manuscrits et pour toute la Bibliothèque ! Oui, un mystère. M. Feuillet dit non. Il faut que MM. Hase, Reinaud, Guérard, Magnin, Lenormant, et tous les conservateurs autres que ses amis, aient perdu la mémoire, ou que le récit de M. Feuillet soit trompeur. C'est ce que nous verrons. N'anticipons point.

La séance ordinaire du mercredi 20 février, qui suivit celle du 16, se passa en expédition d'affaires courantes : nulle mention de M. Feuillet (2). Après cette séance, l'administrateur reçut une lettre, datée du 18, dans laquelle M. Feuillet proposait de donner son autographe à la Bibliothèque nationale, si l'on prouvait qu'il lui eût appartenu. L'administrateur donna lecture de cette lettre, dans la séance du 27. Alors, seulement alors, on pensa qu'une discussion, je ne dis point un débat, encore moins un débat judiciaire, pouvait s'ouvrir (3). Les conservateurs du département des manuscrits, à qui l'administrateur avait communiqué la lettre aussitôt après la réception, et qui avaient pris toutes les informa-

(1) Le procès-verbal de la séance montre quelle est la véracité de M. Feuillet. — Voir aux *Pièces justificatives*, pièce A.

(2) *Ibid.*

(3) Le rapprochement des dates et la suite des faits sont importants à observer : le 16, on s'entretint des attaques de M. Jubinal contre un conservateur ; le 20, affaires courantes ; le 27, onze jours après la séance où M. Feuillet prétend, à tort, qu'on *discuta son nom* (qu'avait-on à dire là-dessus ?), on commence à s'occuper de lui, sur sa provocation.

tions, recueilli tous les renseignements, consulté tous les titres, éclairèrent par leur rapport la délibération du Conservatoire, qui en approuva la teneur et les conclusions. L'administrateur transmit copie du tout à M. Feuillet. Je laisse aux lecteurs de M. Feuillet lui-même, le soin d'apprécier si la correspondance de l'administrateur, citée par lui, a le ton d'*un gendarme en faction.*

M. Feuillet se vante beaucoup de la proposition LOYALE et SPONTANÉE *qu'il s'était fait l'honneur d'adresser à la Bibliothèque nationale.* J'avoue que je ne suis pas très-édifié sur une spontanéité, qui attend pour se réveiller l'éclat fâchéux de la brochure de M. Jubinal. Les protestations emphatiques d'honneur, de loyauté, reviennent si souvent et si bruyamment dans les lettres et dans le pamphlet de M. Feuillet, qu'elles mettraient les plus simples en défiance. Pourquoi, d'ailleurs, cette loyauté se retranche-t-elle derrière des chicanes de lettres antidatées (1) et des subtilités de procureur?

En 1837, M. Feuillet était venu apporter (c'est lui qui le raconte) son autographe au directeur de la Bibliothèque royale, M. Letronne, de l'Institut. « Voici, lui dit-il, cette lettre discutée qui frappe à vos portes. Prenez votre temps, cherchez dans vos répertoires, et si réellement elle vous a jamais appartenu, à quelque époque que ce soit, gardez-la : je ne veux rien avoir à vous (2). »

Une telle démarche, un tel discours seraient d'un vrai gentilhomme. En 1850, le langage épistolaire prend une autre allure, un autre ton. « Un pamphlet récent.... revient sur l'origine présumée de ma lettre. Je veux en finir avec cette question interminable (3). »

Voilà pour la spontanéité. Voici pour la loyauté :

« Peut-être, monsieur, votre administration a-t-elle pris pour ce qu'elles valent les preuves apparentes et les preuves apocryphes apportées par le *factum*.... S'il en est autrement, ce que j'ai déclaré une première fois à la Bibliothèque, je viens vous le répéter; et, laissant de côté le fait de la possession trentenaire, je vous offre de vous remettre l'autographe de Montaigne, si vous me démontrez *nettement, catégoriquement, par des preuves écrites et de date certaine,* qu'il ait appartenu à la Bibliothèque nationale....

« Je me résume. Il ne m'est pas prouvé que ma lettre ait ja-

(1) La lettre du 18 février ne fut remise au destinataire que le 20 dans la soirée ; celle du 7 mars, que le 9 à une heure après midi.

(2) Page 10.

(3) Lettre de M. Feuillet, citée dans sa brochure, p. 19.

mais fait partie de la collection Dupuy ; mais, cela me fût-il démontré, je demande à quelle époque? Ces papiers n'ont pas toujours appartenu à la Bibliothèque. Quand, des mains de M. Joly de Fleury, le fonds passa sur vos rayons, un recolement de pièces indiquées dans le catalogue par volumes a dû être fait : on n'achète pas, on ne prend pas livraison sans vérification constatée. Veuillez me montrer dans cet inventaire *la mention nominale* de ma pièce, et je vous la remets sur-le-champ. »

Ici M. Feuillet se montre *un homme d'administration*, comme il dit(1); il traite de clerc à maître. Ce n'est plus la facilité généreuse et débonnaire de 1837 ; c'est la rigidité du praticien formaliste. Pour qu'il consente à se dessaisir, il faut qu'on lui prouve *nettement, catégoriquement, par des preuves écrites et de date certaine* (2), *par preuves positives et légales*(3), le droit de propriété de la Bibliothèque. Cela sent son homme résolu à ne pas lâcher aisément prise, le vieux routier habile à enserrer dans l'étreinte la plus gênante possible l'adversaire qu'il veut surprendre et désarmer. Je dis l'adversaire; car on ne saurait se méprendre au langage de M. Feuillet. Ce n'est pas un éclaircissement qu'il demande, c'est une dispute, un combat qu'il provoque, dont il détermine d'avance le champ et pose les conditions.

Vainement la Bibliothèque lui produira la mention nominale qu'il exige et d'autres preuves évidentes. Il ne voit, lui, qu'*hypothèses, erreurs matérielles*, dans toute l'argumentation qui forme, après mûr examen et discussion, la conviction profonde, certaine du Conservatoire.

M. Feuillet avait son parti pris. La question ainsi posée, l'administration de la Bibliothèque n'avait plus qu'à lui délivrer, en réponse à sa sommation, une renonciation par écrit au droit, à la propriété de l'État, ou à soutenir une controverse qui ne pouvait avoir de solution effective que devant les tribunaux. Que sert d'équivoquer sur des dates (4), de prétexter la fierté blessée par de prétendues violences qui viennent paralyser les bonnes et droites intentions (5)?

(1) « Homme d'administration depuis trente-cinq ans, » p. 19 ; « Depuis trente-cinq ans que je suis homme d'administration, » p. 136.

(2) Voy. plus haut, p. 6, lettre du 18 février.

(3) Lettre du 7 mars. « Vous me donnerez les preuves positives et légales que j'ai demandées. »

(4) *Réponse*, page 21.

(5) *Ibid.*, p. 19 : « Il ne m'eût rien coûté de faire le sacrifice en pur don de ma lettre ; » — p. 99 : « Je me serais empressé de faire cadeau de ma lettre sur des preuves ; à défaut de preuves seulement spécieuses, je la garde. »

M. Feuillet s'est vu poussé fatalement, par l'indiscrétion de M. Jubinal, dans la nécessité, ou de restituer l'autographe, ou d'engager une lutte désespérée, ne pouvant rester sous le coup de la brochure. Il essayait d'arracher à la Bibliothèque la légitimation d'une possession contestée et fort contestable, en l'effrayant des difficultés d'une revendication, au moment même où il se déclarait possesseur de l'objet litigieux. Le défi était porté à l'administration de la Bibliothèque; elle ne pouvait le décliner sans manquer à son devoir.

De quel côté est l'agression?

II.

Comment s'établit la propriété de M. Feuillet de Conches.

M. Feuillet possède l'autographe de Montaigne depuis plus de trente ans, à ce qu'il dit. Qu'est-ce qui le prouve? Le dire de M. Feuillet. Légitimement? C'est un don de Lémontey. Qu'est-ce qui le prouve? Le dire de M. Feuillet; rien autre chose que le dire de M. Feuillet.

Jeune, il travaillait, dit-il (1), pour la préparation des ouvrages historiques de Lémontey; Lémontey, reconnaissant, lui donna « une pincée d'autographes où se trouvait le Montaigne en litige (2). » Ce fut le premier germe de la collection de M. Feuillet.

« Peu expérimenté alors (en 1820) à reconnaître l'authenticité des écritures, » il veut consulter les experts sur son nouveau trésor.

M. Lechevalier, auteur de *la Troade*, lui sert d'introducteur auprès de l'abbé de Lespine. Le vieux savant examine la lettre (je passe la scène d'attendrissement, l'émotion du vieillard à la vue de cette relique de son illustre compatriote, les baisers dont il la couvre); bref, l'abbé de Lespine lui assura « qu'il n'avait jamais vu de l'écriture de Montaigne; que la Bibliothèque n'en possédait pas. » M. Feuillet se retira plein d'une heureuse sécurité (3). Qu'est-ce qui prouve tout cela? Le dire de M. Feuillet, rien que le dire de M. Feuillet.

Quatorze ans après, en 1834, Mme Ve Delpech fait litho-

(1) Pages 4-5.
(2) Page 65.
(3) Page 6.

graphier dans l'*Iconographie* le *fac-simile* de la lettre de Montaigne « avec cette indication : *Tiré de la collection de M. Feuillet* (1). »

Ce dernier fait est constant. Mais je n'admets pas, mais personne n'admettra la conclusion par laquelle M. Feuillet termine le récit qui précède : « Ainsi ma possession était déjà connue à la Bibliothèque depuis 1820 (2). » La Bibliothèque n'était pas tout entière en M. l'abbé de Lespine ; et vous ne nous avez pas dit encore que vous ayez parlé à d'autres que lui, que vous ayez montré l'autographe à d'autres que lui, avant 1837.

Mais la possession va devenir de notoriété publique en 1837, toujours selon M. Feuillet.

Il apprend par hasard, cette année, de M. le docteur Payen, qui lui faisait visite pour la première fois, une visite littéraire, que l'autographe de Montaigne avait paru déjà lithographié, dix-sept ans auparavant, au premier volume d'un livre intitulé : *Galerie française.* M. le docteur Payen venait d'apprendre lui-même l'existence de ce livre inconnu (3).

Je ne puis m'empêcher d'arrêter ici M. Feuillet pour lui exprimer une réflexion qui m'étonne. Comment ! vous, amateur passionné d'autographes, qui aviez commencé, dès 1820, votre collection avec tant de bonheur, vous qui faisiez une étude si curieuse des écritures du temps passé, vous qui étiez à la recherche des pièces et des documents de ce genre, vous ignorez, jusqu'à l'année 1837, la publication d'un ouvrage qui a pour titre : *Galerie française, ou Collection de portraits des hommes et des femmes qui ont illustré la France dans les XVIe, XVIIe et XVIIIe siècles, avec des notices et des fac-simile !* Et le premier volume paraît en 1820-21-22, chez Firmin Didot ; il contient précisément la *notice* sur Montaigne et le *fac-simile* de sa lettre, et l'éditeur annonce qu'il a copié cette lettre à la Bibliothèque royale. Vous ignorez tout cela pendant seize ans !

La plupart des notices de ce premier volume sont composées et signées par Andrieux, Auger, Campenon, Creuzé de Lesser, Droz, Amaury Duval, Fourier, Lemercier, Lémontey, Liadières, Marron, de Ségur, Villemain : et une si brillante élite de collaborateurs ne s'est associée que pour produire un ouvrage tellement obscur, tellement abandonné dans la poussière des bibliothèques publiques et particulières, que vous l'avez ignoré pendant seize ans !

(1) Page 6. Voy. plus bas, p. 13, le récit du docteur Payen.
(2) *Ibid.*
(3) Page 7.

Circonstance plus singulière encore ! Votre protecteur Lémontey, celui-là même qui vous a donné la précieuse lettre (1), et chez qui l'éditeur, dites-vous, l'a copiée; Lémontey, qui fournit à lui seul cinq notices pour le volume (2), il ne prend pas garde et vous laisse ignorer que son éditeur attribue la propriété de la lettre à la Bibliothèque royale, et porte ainsi atteinte à la légitimité du don qu'il vous a fait ! Il vous laisse ignorer l'ouvrage même !

Campenon vous laisse ignorer tout cela; Campenon, votre ami, qui a enrichi le volume, pour sa part de trois notices (3); Campenon avec qui vous étiez en commerce habituel de littérature autographique; Campenon qui vous montrait avec orgueil son autographe de Molière (4), comme vous lui montriez votre autographe de Montaigne !

L'avocat de M. Feuillet s'est moqué malicieusement de la Bibliothèque nationale, qui reliait en maroquin un si pitoyable ouvrage. Ne pourrions-nous pas nous moquer un peu, à notre tour, de M. Feuillet, qui ne se doute pas, pendant seize ans, qu'il existe au monde un livre auquel avaient travaillé ses amis avec les écrivains les plus célèbres, un livre qui devait être un des manuels de l'*autographophile*, un livre qui compromettait la possession de *son plus cher autographe*. Mais non, c'est lui qui se moque de nous, d'espérer nous faire accroire aujourd'hui qu'il fût ignorant à ce point.

Je comprends que cette ignorance vous est absolument nécessaire; autrement, le silence de Lémontey et de Campenon fait évanouir la fable du don de Lémontey, et celle de la copie chez Lémontey, et celle de la consultation de l'abbé de Lespine, en 1820.

Reprenons le récit interrompu : « En 1837, impatienté d'entendre dire, de voir imprimer, sur un pareil témoignage (celui de M. Gouget, éditeur de la *Galerie française*), qu'une pièce de la collection qu'il possédait en tout honneur avait pu sortir d'un dépôt public sans l'aveu de ce dépôt, M. Feuillet porta son autographe au directeur de la Bibliothèque royale, M. Letronne.... La Bibliothèque se mit à l'œuvre, et se cotisa pour découvrir la

(1) « Sachant.... que j'étais amateur de curiosités autographiques.... Ce Montaigne devint mon plus cher autographe, » p. 5.

(2) Jeanne d'Albret, Coligny, le duc de Guise Marguerite de Valois, De Thou.

(3) Amyot, Charron, Marot.

(4) « J'ai beaucoup fait d'échanges avec M. Campenon. Je désirais vivement qu'il me cédât son Molière. » Lettre de M. Feuillet, imprimée dans la *Lettre à M. de Falloux*, par G. Libri, p. 260.

vérité ; mais tous les catalogues étaient muets (c'est ce qu'il faudra voir). MM. Champollion-Figeac et Paulin Paris ne firent que d'inutiles recherches. (Il y a tout lieu de soupçonner que la cotisation de MM. Champollion-Figeac et Paulin Paris fut très-légère en cette conjoncture, s'il y eut cotisation.) Enfin, la pièce fut rendue à M. Feuillet, avec cette déclaration *qu'il recueillit de la bouche même de M. Letronne :* « La Bibliothèque n'a jamais trouvé d'autographe de Montaigne ; rien n'en parle, ni dans les dépouillements anciens, ni dans les relevés nouveaux. Le volume qu'indique M. Gouget n'existe pas ; les assertions de ce lithographe ne signifient rien (1). » M. Letronne eût été bien tranchant et bien léger. Et d'ailleurs de quels dépouillements anciens, de quels relevés nouveaux aurait-il voulu parler ? M. Letronne n'avait pas coutume de se payer, ni de payer les autres de paroles vides de sens.

M. Feuillet vient de fabriquer cette arme ; elle est bien à lui, puisqu'il l'a forgée ; aussi, voyez comme il en use et abuse, et comme il la brandit en maint endroit de son pamphlet, d'un air triomphant : « Une fois que la réponse de M. Letronne fut pour moi un fait acquis (p. 72) ; » — « Et vous avez le courage de vous inscrire contre la déclaration de M. Letronne (p. 82) (2) ! » L'arme grandit en chemin, ou, du moins, l'audace de celui qui s'en sert. A la page 10, M. Feuillet a simplement *recueilli* la déclaration *de la bouche de M. Letronne ;* à la page 98, quand il se flatte d'avoir étourdi, fasciné son lecteur, le témoignage oral se change en un acte authentique ; lisez plutôt : « Le cabinet des manuscrits n'ayant pu trouver aucune preuve, l'autographe me fut rendu avec cette déclaration formelle : *La note du livre d'où l'on prétend que la pièce dont il s'agit a été tirée, à notre dépôt public, ne signifie rien ; l'autographe ne nous a jamais appartenu.*

« Ces faits ne sont pas contestés. Ils sont écrits et acquis à la cause. »

Encore une fabrication de M. Feuillet, et portant la marque de sa fabrique. Jamais administrateur ou conservateur n'a dit ni écrit : *Notre dépôt public.* Quand on veut faire parler les gens d'un pays, il faut leur prêter les expressions de leur langage, et non pas du sien. Jamais administrateur ou conservateur ne s'est avisé d'appeler la Bibliothèque *notre dépôt,* et d'ajouter que ce dépôt était un dépôt *public :* c'est ainsi que parle M. Feuillet (3) ; et jamais, non plus, administrateur ou conservateur n'aurait tiré,

(1) Page 10.
(2) Voy. aussi p. 62, 85, 102.
(3) Voy. plus haut, p. 10, et note 2, p. 2, la lettre citée par M. Libri.

d'une recherche infructueuse, cette conclusion témérairement péremptoire : « *L'autographe ne nous a jamais appartenu*, » à moins d'écrire sous la dictée de M. Feuillet.

Qu'il la montre, cette déclaration; il faut qu'il la montre. Est-ce qu'il ne l'a pas ? Il ne s'agissait point d'une affaire de curiosité, d'une consultation confidentielle, comme dans la fable de l'abbé de Lespine ; c'est une instruction en forme, conduite par le directeur de la Bibliothèque, opérée par les conservateurs du département des manuscrits, à fin de constatation d'un droit de propriété. Et vous, homme d'administration depuis vingt et un ans alors, vous n'auriez pas demandé qu'on en dressât un procès-verbal, qu'on en fît au moins mention dans les registres du Conservatoire, qu'on vous délivrât une copie signée du directeur ! Vous êtes « impatienté d'entendre dire, de voir imprimer » partout l'équivalent d'un démenti donné à la légitimité de votre possession, et vous laissez votre enquête sans résultat positif et durable ! Vous demeurez tranquille sans garantie pour l'avenir ! Que veut dire cette innocence d'enfant dans un vieil administrateur, cette insouciance d'idiot dans un homme si avisé ? Ou si vous aviez cette déclaration, que ne la produisiez-vous tout d'abord, avant d'engager la lutte? Est-ce que vous vouliez nous tendre un piége ? Pourquoi demander qu'on vous produise des preuves positives et légales, au lieu de produire les vôtres, les seules qui seraient positives ?

Je dois ajouter que Letronne, mon vieil ami de trente ans, s'intéressait toujours à la Bibliothèque nationale, où il avait marqué son passage. En 1845 et 1846, pendant le cours du procès de l'autographe de Molière, il causa plus d'une fois avec moi des autographes, des *autographophiles*, et de M. Feuillet, entre autres, dans des termes que celui-ci n'aurait pas été flatté de *recueillir de sa bouche;* jamais il ne me dit un mot de l'enquête de 1837.

M. Feuillet récusera mon témoignage ; à lui permis, jusqu'à preuve manifeste. En attendant, jugez quel cas on peut faire du sien. Il a bien senti qu'il s'élèverait dans tous les esprits une objection contre lui : « Pourquoi n'avez-vous pas pris à partie l'éditeur de la *Galerie française ?* » Il prévient ainsi l'objection : « Ce fut vers ce temps, dans la même année 1837,... que je connus, pour la première fois, M. le docteur Payen ; et quand, alors, je voulus à mon tour voir de ma personne ce M. Gouget, ce dessinateur de *fac-simile* si sûr de lui..., le pauvre homme.... avait été reconnu fou, et était relégué dans une maison de santé (1). »

(1) Page 10; et au bas de la même page on lit cette note : « Gouget, longtemps

M. Feuillet n'a-t-il pas pris ses renseignements un peu à la légère, peut-être dans son imagination? S'il avait seulement consulté l'*Almanach royal,* il y aurait appris que M. Gouget exerçait les fonctions de commissaire de police depuis six ans en 1837, depuis sept ans en 1838 (jusqu'au 6 décembre), et qu'il demeurait chez lui, d'abord rue de Jarente, ensuite rue des Tournelles.

Enfin, le docteur Payen, dans un écrit imprimé en cette même année 1837, racontait ainsi les entretiens qu'il venait d'avoir avec M. Gouget, très-certainement autre part que dans une maison de fous : « Quant à l'existence de l'original de cette lettre (de Montaigne) au dépôt des manuscrits de la Bibliothèque, j'aurais pu douter de sa réalité, car, malgré ma persévérance et mes recherches, et les recherches faites avec une extrême complaisance par M. Paris, cette lettre n'a point été retrouvée, et les catalogues n'en font aucune mention ; mais M. Gouget, qui s'est occupé avec tant de zèle et de succès de la recherche et de l'imitation des autographes, et qui est auteur des *fac-simile* de la *Galerie française,* m'a affirmé avoir vu, touché et calqué lui-même la lettre originale qui fait partie d'un volume relié intitulé *Lettres françaises de divers grands hommes.* Elle lui fut indiquée par M. Méon et l'abbé de Lespine, qui lui parurent l'avoir nouvellement examinée (1). Je suis donc convaincu de l'existence de cette pièce sans l'avoir vue, et l'examen du *fac-simile* ne me laisse aucun doute sur son authenticité (2). »

Si j'osais prendre le ton cavalier de M. Feuillet, je m'écrierais dans son langage : Eh ! *per Bacco* (3) ! les gens que vous enfermez chez les fous vivent assez libres de leur personne et en assez grande faveur du Gouvernement ; ils conversent d'assez bon sens avec les docteurs.

Que d'invraisemblances ! que d'impossibilités ! Nous ne sommes qu'au commencement. Avant d'aller plus loin, passons en revue les autorités de M. Feuillet : le donateur, M. Lémontey, mort ; l'introducteur à la Bibliothèque, M. Lechevalier, mort ; l'examina-

avoué à la cour royale, avait vendu sa charge et était devenu commissaire de police dans le quartier des Tournelles. Il paraît que l'ébranlement de son cerveau datait de l'époque où, appelé à constater des décès, lors de la première irruption du choléra (il n'était donc pas fou en 1821-23), il avait trouvé dans son arrondissement à rues étroites et populeuses, des maisons entières dont tous les habitants étaient morts. »

(1) Voyez, ci-dessus, le récit de la visite à l'abbé de Lespine, p. 8.

(2) *Notice bibliographique sur Montaigne*, par J.-F. Payen, D. M. — Paris, imprimerie Duverger, 1837, in-8°.

(3) Page 58 du pamphlet.

teur de l'autographe, M. l'abbé de Lespine, mort; le certificateur du bien-posséder, M. Letronne, mort.

Si MM. les juges avaient eu le loisir de réfléchir sur tout cela, cette loi du Code, au titre *de Furtis*, ne leur serait-elle pas revenue en mémoire : « Ton adversaire n'élève qu'une prétention équitable lorsqu'il te somme de produire l'auteur de ta possession; car, dire qu'on tient quelque chose d'un inconnu ou d'un passant (les morts, qu'on fait parler comme on veut, sont dans le cas du passant et de l'inconnu), cela n'est pas le procédé d'un homme de bien, qui veut rester à l'abri du soupçon (1). »

III.

Comment s'établit la propriété de la Bibliothèque.

Il parut, dans le cours des années 1820, 1821, 1822 et 1823, un ouvrage intitulé : *Galerie française, etc.*, qui se recommandait au public lettré par la collaboration des écrivains les plus célèbres du temps et par un nouveau genre d'attrait, des *fac-simile* de l'écriture d'un assez grand nombre de personnages historiques. Le premier volume, qui contient un *fac-simile* d'une lettre de Montaigne, fut mis au jour de 1820 à 1822.

M. Feuillet, qui affecte tour à tour, selon le besoin du moment, un excès d'ignorance que nous ne concevons pas, et un excès de savoir tranchant qui ne nous impose pas davantage, fait parler à son gré les livres, s'il lui importe de leur demander une date quelconque pour corroborer le titre de possession qu'il s'est créé de sa seule autorité. Il reproche à MM. de la Bibliothèque « de n'avoir pas pris conseil de leur *vade-mecum*, le *Journal de la librairie;* ils y eussent vu (année 1820, n° 1932 et suivants) que la totalité de la *Galerie française* n'est point une publication de 1821 (2), mais que la première livraison en a paru le 27 mai 1820; que le *fac-simile* de sa lettre de Montaigne était exécuté en cette même année (3). »

Qu'on lise, au bas de cette page, l'article du *Journal de la li-*

(1) *Civile est quod a te adversarius tuus exigit, ut rei quam apud te fuisse fateris, exhibeas venditorem. Nam a transeunte et ignoto rem emisse, dicere non convenit, volenti evitare alienam bono viro suspicionem.* COD. VI, 2, l. 5.

(2) La Bibliothèque n'a point renfermé la publication de ce volume dans les limites de cette année.

(3) Page 70.

brairie, cité par M. Feuillet (1), qu'on lise les suivants. Comment y a-t-il vu, qui est-ce qui pourrait y voir une mention du *fac-simile* de Montaigne? Au contraire, le *Journal de Paris*, du 20 octobre 1821, cité par le *Journal de la librairie*, même année, p. 676, nomme Montaigne au nombre des personnages compris dans les livraisons 5 à 10, qu'il annonce (2).

Peut-on s'empêcher de remarquer que toujours les assertions de M. Feuillet sont démenties par les faits et ses interprétations par les textes?

(1) « 1932. *Galerie française*, ou Collection de portraits des hommes et des femmes célèbres qui ont illustré la France dans les XVIe, XVIIe et XVIIIe siècles, par une société d'hommes de lettres et d'artistes. Première livraison. In-4° de 2 feuilles un quart, plus 4 planches et 2 *fac-simile*. Imprimerie de Didot, à Paris.

« Cette collection, sur papier vélin grand in-4°, contiendra cent portraits environ, et paraîtra par livraison de quatre portraits, quatre notices, et, autant que possible, du *fac-simile* de l'écriture du personnage représenté.

« Le prix est, pour Paris, de 6 fr. 50 c. par livr., et de 7 fr. pour les départements. »

Pour les autres articles voyez *Pièce justificative* B.

(2) « *Galerie française*, ou Collection de portraits des hommes et des femmes célèbres qui ont illustré la France dans les XVIe, XVIIe et XVIIIe siècles, par une société d'hommes de lettres et d'artistes; 5e, 6e, 7e, 8e, 9e et 10e livraisons.

« Le titre de cette collection, qui d'ailleurs est déjà connue, nous dispense d'indiquer le but que les éditeurs se sont proposé.

« Cet ouvrage n'a pas seulement l'avantage d'offrir à *nos yeux* des hommes et des femmes célèbres; il les peint également à *notre esprit*. Chaque gravure est accompagnée d'une notice composée par un homme de lettres en réputation; et, comme toutes ces notices portent en majuscules le seing de leurs auteurs, il est naturel de penser qu'elles n'ont pas été faites avec négligence. La plupart, en effet, sont d'une exactitude scrupuleuse.

....

« Il nous serait impossible d'examiner ici et de comparer entre eux tous ces morceaux de biographie; nous nous contenterons d'indiquer, à côté de chaque personnage représenté, l'auteur du texte correspondant.

« Achille de Harlay (M. de Joly), Catherine de Parthenay (M. Landrieux), Étienne Pasquier (M. Auger), Malherbe (M. Liadières), Mathieu Molé (M. Juge), Duplessis-Mornay (M. Henri Duval), Pierre Jeannin (M. Creuzé de Lesser), Jean Goujon (M. Miel), Olivier de Serres (M. Sylvestre), Renée de France, duchesse de Ferrare (M. Amaury Duval), Regnier (M. Creuzé de Lesser), Bernard Palissy (M. Miel), Marie Stuart (M. le comte de Ségur), Théodore de Bèze (M. Marron), De Thou (M. Lémontey), Charron (M. Campenon), Montaigne (M. Villemain), Amyot (M. Campenon), Passerat (M. Auger), Viète (M. Fourier), Budé (M. Andrieux), L'Hospital (M. Droz), Coligny (M. Lémontey), Cousin (M. Miel).

« Ce n'est pas tout encore : plusieurs cahiers renfermant des calques de vieilles écritures, qui ne peuvent manquer de piquer la curiosité des amateurs. On trouve, par exemple, dans les dix (*sic*) dernières livraisons, le *fac-simile* de l'écriture de Duplessis-Mornay, du président Jeannin, de Renée de France, d'Amyot, de l'Hospital, de Coligny et de l'infortunée Marie Stuart. Il est presque impossible de considérer un instant ces lettres, pour ainsi dire autographes, sans y chercher, sans y trouver même quelques rapports, plus ou moins sensibles, avec l'âme et le caractère des grands personnages qui les ont écrites. » (*Journal de Paris et des départements*, n° 293. Samedi 20 octobre 1821.)

Il y a du moins une chose que M. Feuillet lui-même ne conteste pas : c'est que sa lettre de Montaigne est bien celle que reproduit le *fac-simile* de la *Galerie française*.

De plus, l'éditeur Gouget met en tête de ses notes (p. 277), cet avertissement : « Nous avons été secondés, dans nos recherches sur les autographes, par MM. les conservateurs de la Bibliothèque royale, auxquels nous sommes redevables de la plus grande partie de nos *fac-simile* (1). Ils nous ont guidés dans la lecture des plus anciens manuscrits dont quelques-uns sont tout à fait indéchiffrables. »

Et la note 12 (p. 281), relative, en particulier, à Montaigne, est ainsi conçue : « La lettre suivante est la seule de Montaigne que possède la Bibliothèque royale; elle fait partie du volume ayant pour titre : *Lettres françaises de divers grands hommes*, et est adressée à M. Dupuy, conseiller du roi en sa cour et parlement de Paris. »

Qu'on le remarque bien; il n'y a point ici de souvenir vague, fugitif, confus, dans les circonstances essentielles. Le volume, il est vrai, n'était pas sous les yeux de l'auteur de la note au moment de la rédaction; il n'a pas copié avec une exactitude minutieuse de bibliographe le titre du livre; il dit : *Lettres françaises de divers grands hommes*, au lieu de : *Lettres de plusieurs grands personnages*, titre écrit par Dupuy lui-même, en tête du volume. On voit bien que la mémoire de Gouget lui représentait, sinon le titre littéralement, du moins le volume qu'il avait tenu et parcouru à la Bibliothèque. Le contexte de la note ne permet pas de douter qu'il se rappelle très-nettement où il a vu ce volume. S'il avait copié la lettre ailleurs qu'à la *Bibliothèque royale*, d'où lui serait venue la pensée de dire que cette lettre était *la seule que la Bibliothèque possédât?* (en réalité, la seule que l'on y connût alors). Si sa mémoire a failli dans un mot du titre dont il a bien gardé néanmoins la vraie signification, il ne s'est pas trompé pour le fond des choses et pour les accessoires les plus importants. Outre l'observation de cette particularité d'une pièce unique à la Bibliothèque, attestant la notion précise de l'origine de la lettre autographiée, l'éditeur confirme encore la foi de son souvenir par un rapproche-

(1) *De la plus grande partie*, et non pas *presque tous*, comme le dit M. Feuillet, p. 92, pour tirer cette conséquence que Gouget s'est trompé parce qu'il n'a pas dit *tous*, mais *presque tous*, et que « cependant, quand, dans ces notes, il en vient à indiquer pièce à pièce la source de ses *fac-simile*, il n'en est *pas un seul* qu'il ne porte comme émanant de la Bibliothèque. » Gouget ne commet point de ces inexactitudes; il rend à M. Berryat-Saint-Prix ce qui lui est dû pour le *fac-simile* de la lettre de Cujas; il n'attribue pas à la Bibliothèque l'autographe de Jean Cousin, ni celui de Catherine de Parthenay.

ment avec une lettre de Pasquier, qu'il imprime (note 18, p. 284), en ajoutant : « Ce qui précède est un fragment d'une lettre écrite à M. Picardet, conseiller du roi, procureur général en Bourgogne; elle se trouve à la Bibliothèque royale, au volume déjà cité des *Lettres françaises de divers grands hommes.* »

Et quand on lit, après cela, dans le catalogue par volumes de la collection Dupuy : « *Lettres de plusieurs personnes de qualité* (vol. 712), Ronsard, Henry Etienne (*sic*), Coquelay, Cl. Du Puy, de Montagne, Audebert..., Pasquier...,» n'acquiert-on pas la conviction que c'est là le volume désigné par Gouget, le volume où il a copié la lettre de Montaigne et celle de Pasquier, le volume dont il a reproduit le titre de la main de Dupuy, et avec plus de fidélité que le rédacteur même du catalogue?

Ouvrez aujourd'hui ce volume, considérez les tristes lacunes qu'y ont faites des mains coupables : Ronsard, Henry Estienne et les suivants disparus, Pasquier disparu avec Montaigne; vous reconnaîtrez l'enlèvement d'une *pincée* d'autographes plus forte encore que celle dont la libéralité de Lémontey gratifia M. Feuillet de Conches.

Pasquier devait ramener Montaigne à la Bibliothèque; nous l'espérions ainsi. M. Feuillet ne s'embarrasse pas pour si peu; il va forcer Pasquier à se tourner contre nous en lui montrant l'adresse de sa lettre; elle est à Picardet. Voyez l'histoire qu'il édifie sur cet argument et les conséquences qu'il sait en tirer :

« Fils d'une très-riche beurrière-épicière.... de Lyon.... et qui, entre le beurre et la cannelle, barbouillait d'assez jolis vers..., Lémontey descendait, par sa mère, de ce petit paysan de Mirebeau, en Bourgogne, Hugues Picardet, qui.... parvint.... au poste de conseiller procureur général au parlement de Bourgogne, et maria sa fille aînée à Jacques-Auguste de Thou, non le grand écrivain de ce nom, mais le président aux enquêtes. C'est à la seconde fille de Picardet, mariée à un avocat fort occupé alors, que Lémontey faisait remonter sa généalogie, » dit M. Feuillet(1), et, par conséquent, l'héritage des autographes de la famille; et c'est par cette même généalogie que M. Feuillet devient lui-même l'héritier direct de la seconde fille du procureur général, très-légitimement, puisqu'il en est plus que le père, le créateur à lui tout seul.

Il n'y a qu'une difficulté; je ne sais si elle arrêtera M. Feuillet. On lit, dans une histoire du parlement de Bourgogne, très-peu ingénieuse d'invention, mais fort authentique, et qui parut à Dijon

(1) Page 81.

huit ans après la mort de Picardet, l'épitaphe du procureur général, en toutes lettres, telle que l'auteur l'a copiée sur la tombe du défunt:

Cy gist Messire Hugues Picardet, Conseiller du Roy en ses Conseils, et son Procureur Général au Parlement de Bourgongne, lequel après auoir seruy fidellement en sa Charge trois Rois de France, pendant cinquante trois ans entiers deceda le Lundy XXIX. d'Auril M. DC. XLI., aagé de quatre-vingt-vn an, laissant pour VNIQVE HÉRITIÈRE Damoiselle Marie Picardet, sa fille, qui luy a fait ce Monument. — Priés Dieu pour son ame (1).

La fille anonyme disparaissant avec l'avocat anonyme, double enfantement bâtard du cerveau de M. Feuillet, il nous dira peut-être par quelle branche des de Thou la lettre de Pasquier fut transmise avec le sang de Picardet à la spirituelle beurrière de Lyon, mère de Lémontey, dont M. Feuillet s'est fait l'historiographe. Si la lettre de Montaigne se trouve là en même temps, ce sera peut-être parce que Claude du Puy qui l'avait reçue, aura remarqué un goût prononcé chez mademoiselle Picardet pour les autographes, et lui aura donné celui-ci, au lieu de le laisser à ses fils Pierre et Jacques, dont la collection devait entrer un jour à la Bibliothèque royale.

Voilà les tours des beaux esprits de l'ordre de M. Feuillet. On rencontre dans Moreri le nom de Picardet, qui marie sa fille à de Thou. Vite, l'article est souligné (2) : « C'est notre affaire, justement la preuve qui nous manquait. Donnons-lui une seconde fille, qui sera l'aïeule de Lémontey, et qui nous passera l'autographe. » La fable imaginée, le drame se développe : « Eh bien ! cette descendance même me fournit un puissant argument. La lettre de Montaigne n'est pas la seule que Gouget ait empruntée de Lémontey ; il tint de lui encore Le Sueur et La Bruyère, et une lettre plus ancienne, celle d'Etienne Pasquier. Or, cette dernière lettre, c'est la *Galerie française* qui le dit, est adressée au procureur général Picardet. C'était un de ces papiers de famille dont Lémontey était si fier (si fier, qu'il ne dit mot, et pour cause, de sa descendance collatérale, dans l'article *de Thou* composé par lui-même pour la *Galerie française*). La beurrière de Lyon eût fait quelques jolis vers sur l'incident (3). »

(1) Page 349. — *Le Parlement de Bourgogne, son origine, etc.* Par Pierre Palliot, Parisien, imprimeur du roi et du révérendissime évêque et duc de Langres, libraire et graveur. A Dijon, chez ledit Palliot, M DC XLIX, in-fol.

(2) Le volume de l'exemplaire de Moreri, au département des Manuscrits, a été souligné en cet endroit.

(3) M. Feuillet, p. 81-82.

Jolis, très-jolis. Reste à savoir si les vers seraient à la louange de M. Feuillet. Comme c'était une femme de bon sens en même temps que d'esprit, elle aurait peut-être pensé qu'en justice on ne doit pas se permettre les mêmes licences historiques que dans le roman et la comédie.

M. Feuillet se moque très-élégamment du *cuistre*, du *pédant* qui a traduit Plaute. Mais il n'y a pas, dans tout le théâtre des Latins, de Dave et de Pseudolus qui ne reconnût M. Feuillet pour son maître en invention d'intrigue. Sérieusement, que penser d'un homme à qui de pareils stratagèmes coûtent si peu, qui les soutient et les pousse avec ce front et cette verve, et se joue ainsi de la gravité et de la bonne foi du tribunal?

A la démonstration si frappante par la concordance, que j'établirai bientôt, de la preuve matérielle du catalogue avec la preuve testimoniale de Gouget si positive, si explicite, et qui ne résulte pas, sans doute, d'une enquête instituée pour le besoin de la cause, mais qui porte un caractère de sincérité, de vérité, d'autant plus irrécusable, qu'elle vient d'une déposition en quelque sorte involontaire, sans effet calculé, ni même prévu, M. Feuillet oppose l'autorité péremptoire de sa parole : « Moi, je pose en fait que la pièce qui est chez moi depuis trente ans, n'a jamais appartenu à la Bibliothèque nationale,... que Gouget s'est trompé, et que son témoignage, comme l'a dit, il y treize ans, M. Letronne, ne signifie rien (1). » M. Feuillet pose en fait, raconte toujours et ne prouve jamais, ou ne prouve ses récits que par des récits qu'il fait lui-même, savoir : la date du don de Lémontey par la visite à l'abbé de Lespine, le calque de l'autographe chez Lémontey par la possession simultanée de la lettre de Pasquier, la possession de la lettre de Pasquier par la généalogie de Lémontey, la prétendue erreur de Gouget par la prétendue enquête de M. Letronne. Mais entre M. Gouget, d'une part, qui dépose d'un fait personnel, alors récent, en termes non équivoques, très-circonstanciés, sans faveur pour autrui, sans utilité pour lui-même, et, d'autre part, M. Feuillet si inventif, et si intéressé à inventer, qui pourrait balancer ?

M. Feuillet trouve un expédient pour se sauver de l'étreinte de Gouget : C'était un faible cerveau, qui a fini par la folie, et dans lequel commençait déjà peut-être (en 1822) un dérangement funeste. « Comment s'étonnerait-on d'un écart de mémoire de la part d'un homme qui plus tard, de faiblesse en faiblesse, arriva jusqu'à la

(1) Page 62.

perte totale de la raison? Et qui sait, si ce n'est Dieu, la limite fatale où la raison finit, où la folie commence (1) ? » Ici M. Feuillet espère nous accabler et nous étourdir sous le poids de son éloquence, imitant Bossuet à la façon de Tartufe, comme il s'amuse plus souvent et plus naturellement à imiter Molière dans le goût de Turlupin.

Eh! mon Dieu, il n'est pas besoin de sonder les profondeurs de la sagesse divine. Allons tout bonnement à la chambre des avoués d'appel, aux archives de la préfecture de police : nous saurons qu'après l'impression du *fac-simile* de Montaigne et des notes qui l'accompagnaient, M. Gouget exerça huit ans encore le ministère d'avoué, qu'il était membre de la Chambre de sa compagnie en 1827, 28 et 29, qu'il y avait été nommé Rapporteur, et qu'ensuite, lorsqu'il eut cédé sa charge et inscrit son nom sur la liste des membres honoraires, le Gouvernement lui confia la garde et la sûreté d'un quartier de Paris, depuis l'an 1831 jusqu'à l'an 1838 inclusivement.

Qu'un malheureux pris en flagrant délit s'efforce d'échapper par des contes ridicules; que M. Feuillet, à force de gambader sur de vaines hypothèses, tombe comme dans un piége tendu par lui-même, allant chercher, en 1837, dans une maison de fous, M. Gouget, alors commissaire de police, et commissaire de police encore l'année suivante, M. Feuillet joue son jeu, il n'en peut pas jouer d'autre. Mais que des hommes sérieux plaident de tels moyens, que des docteurs de profession y prêtent l'appui, timide, il est vrai, mais pourtant bénévole, de leurs conjectures et de leurs insinuations, c'est ce qu'on a peine à concevoir.

M. Feuillet de Conches, à ce qu'il paraît, crut devoir prendre, dès le commencement du procès, une consultation du docteur Payen sur l'état mental de M. Gouget. Le 19 avril 1850, le docteur donnait sa consultation (2). J'emprunte au pamphlet les passages choisis par M. Feuillet lui-même : « C'était, en 1837, un homme doux, paisible, timide même; il s'animait peu dans la conversation. Souvent il répétait ses mots comme pour prendre le temps de retrouver sa pensée. Sa parole était entrecoupée, un peu hésitante. Il laissait souvent ses phrases inachevées. Je n'étais pas son médecin, je ne sais rien de sa santé et je n'avais, avant son accident judiciaire, rien observé chez lui qui pût faire soup-

(1) Page 81. Voy. aussi p. 72.

(2) Page 13. « Écoutez plutôt le docteur lui-même, dont je vais transcrire sur ce point un écrit en date du 19 avril 1850. »

çonner un dérangement cérébral; mais, tel que je l'ai connu, un peu *brouillon,* AHURI, comme on dit familièrement, je serais fort surpris si on me disait que sa folie, sur laquelle je n'ai pas l'ombre d'un renseignement, ait été *active, illuminée, ambitieuse, dominatrice;* tandis que je comprendrais très-bien que l'exagération du caractère que j'ai observé chez lui l'eût conduit à une folie *calme,* à LA PERTE DE LA MÉMOIRE....

« Depuis sa folie, j'ai quelquefois rencontré M. Gouget; il ne semblait me reconnaître qu'à demi; il me parut plusieurs fois éviter de me parler; je dus faire comme lui, et nous en vînmes à nous saluer sans nous aborder (1). »

Certes, les personnes qui exigent que la preuve testimoniale soit dans les conditions d'une enquête pour la cause, ont de quoi être amplement satisfaites par la citation que je dois à M. Feuillet. Il n'y a rien là qui ne semble être dit, soit affirmativement, soit dubitativement, ou par réticence, tout exprès pour éclairer les vérités de M. Feuillet de Conches. C'est en effet l'organe de la mémoire chez M. Gouget qui gêne M. Feuillet de Conches. Eh bien! l'exagération de son caractère a dû le conduire à LA PERTE DE LA MÉMOIRE (en majuscules). Comment! Ce *brouillon,* cet AHURI, à la parole entrecoupée, un peu hésitante, aux phrases inachevées, cette espèce de niais et d'imbécile, dont on fait tracer au docteur Payen le portrait de main de maître, c'est le même que le docteur Payen, dans un écrit imprimé en 1837, proclamait tellement digne de créance, qu'il lui suffisait de l'assertion de cet homme pour être *convaincu de l'existence de la pièce sans l'avoir vue,* et quoique M. Paris eût mis en vain l'empressement le plus obligeant à la chercher (2)!

Évidemment l'opinion du docteur Payen sur les facultés morales de M. Gouget, dans ce temps-là, lui était fort avantageuse, et ne tendait point du tout à se mettre en opposition avec les récits des personnes qui ont eu avec lui des rapports d'affaires ou d'amitié jusque dans ses dernières années, et qui certifient que c'était un esprit vif, intelligent, d'un commerce aimable.

M. le docteur Payen est un homme honorable, je le crois sur sa réputation, et quoique M. Feuillet le dise. Il n'y a qu'une manière d'expliquer les contradictions involontaires du docteur Payen. M. Feuillet est un tacticien très-habile. On ne saurait se faire trop d'alliés et de trop zélés quand on entre en guerre.

(1) Pages 94-95. Je reproduis les italiques et les majuscules des mots signalés ainsi dans le pamphlet.

(2) Voy. plus haut, p. 13.

Aussitôt de jeter l'alarme parmi les amateurs, et de crier que l'on *n'a qu'un but, celui d'entrer par la porte de sa collection dans toutes les collections d'autographes et de pièces historiques*(1), qu'on *a juré d'exterminer les collecteurs, quels qu'ils soient* (2). Le docteur Payen a la passion des autographes de Montaigne; il n'a pas été sourd à ces cris, il l'avoue lui-même (3). De plus, M. Feuillet l'aura surpris dans un accès d'irritation après les incartades de M. Jubinal. M. Feuillet a la langue prestigieuse et décevante, la lecture de son pamphlet ne le prouve que trop. Le docteur Payen aura été ahuri, comme on dit familièrement, par M. Feuillet de Conches, et il aura vu dans son imagination émue ce que M. Feuillet voulait qu'il retrouvât dans ses souvenirs, ce qui n'y pouvait pas être. Quoi qu'il en soit, je me permettrai d'en appeler de M. Payen en avril 1850, sous le charme de M. Feuillet, à M. Payen de 1837, dans l'intégrité de ses impressions récentes, tout à fait siennes, pures de toute infiltration étrangère.

M. Payen excepte tout le temps antérieur à 1837, n'ayant connu M. Gouget que de cette année. Nous pouvons lui assurer, et il comprendra sans peine que l'homme capable d'attirer, de retenir autour de lui, durant plusieurs années, tant de collaborateurs qui brillaient dans les premiers rangs de la littérature et de la société, avoué à la cour d'appel avec quelque distinction pendant treize ans, commissaire de police à Paris pendant huit autres années, n'eut jamais aucune ressemblance avec la figure hébétée qu'on nous dépeint en 1850.

Maintenant, subtilisez sur des chicanes de localités, et arguez contre la véracité de M. Gouget de je ne sais quelle confusion de lieux, dans une visite qu'il aurait faite avec le docteur Payen, au département des Manuscrits, en 1837, à seize ans de distance des faits dont il voudrait marquer la place précisément, lorsque les dispositions de l'édifice ont été totalement changées depuis 1835; accusez M. Gouget d'avoir passé devant la collection Dupuy, en 1837, sans la reconnaître pour l'avoir vue en 1821, lorsqu'elle n'avait plus la même reliure, et n'occupait plus la même place depuis 1832; produisez une lettre de M. Delaune, pour prouver que M. Gouget n'a pas pu calquer lui-même l'autographe de Mon-

(1) Page 109.

(2) Page 130.

(3) « Cependant, nous aimons à croire qu'alors même, on ne chercherait pas à troubler la joie que nous avons éprouvée.... et qu'on ne nous inquiéterait pas dans notre légitime possession. » (*Nouveaux documents inédits ou peu connus sur Montaigne*, recueillis et publiés par le docteur J.-F. Payen. — Paris, P. Jannet, 1850.)

taigne, comme le docteur Payen aurait cru le lui entendre dire, soit que M. Gouget eût fait ou essayé de faire un mauvais calque, soit qu'il eût parlé comme éditeur qui ordonne et qui paye, interprétation qui s'est présentée à l'esprit de M. Delarue; quoi qu'il en soit, nous n'avons point à rendre raison de ce qui n'est point écrit dans le témoignage que nous invoquons; nous n'avons point à rendre raison de certaines circonstances de la visite de 1837, circonstances impossibles, comme l'a si bien démontré l'avocat de la Bibliothèque nationale (1). Nous nous en tenons aux termes de ce témoignage, non pas de tradition orale, mais imprimé, non pas sujet à vicissitudes, comme celui des vivants, mais scellé du sceau éternel *ne varietur,* et en vertu duquel il demeure acquis à la cause, à la vérité, que la lettre de Montaigne, dont le *fac-simile* parut dans la *Galerie française* en 1822, était dans le même volume que la lettre d'Etienne Pasquier, au nombre des autographes que la Bibliothèque nationale possédait, et que cette lettre était la *seule* de Montaigne (seule connue alors) *qu'elle possédât.*

La Bibliothèque se trouve donc aujourd'hui, relativement à la preuve à faire de son ancienne possession, dans la même situation que jadis pour l'autographe de Molière, avec cette différence seulement, que, dans l'ouvrage de M. Taschereau, l'identité de la pièce ne se constatait que par une analyse détaillée, et non par

(1) Voici les paroles de Me Marie :

« Ah! bien, je vous y prends, M. Gouget, s'écrie l'adversaire. Vous prétendez avoir calqué dans la salle où se tient aujourd'hui M. Lacabane, dans la salle où se tiennent aujourd'hui M. Paris et, à l'angle diagonalement opposé, M. Reinaud. Eh bien, en 1820, cette salle n'existait pas, voilà tout; elle n'existait pas, elle était occupée par le trésor. »

« Et moi je vous réponds que, s'il y a erreur, elle est du côté de M. Payen; que Gouget n'a jamais dit cela, qu'il n'a jamais pu le dire, ce qui est beaucoup mieux encore. Ce langage, je le nie, et par la plus puissante de toutes les raisons, c'est qu'il est impossible.

« Impossible, oui. Comment! vous soutenez sérieusement que M. Gouget aurait, en 1837, indiqué comme salle où il aurait fait le calque, la salle où se tiennent MM. Paris et Reinaud. Mais cette salle, en effet, n'avait été livrée que depuis trois ou quatre ans (deux ans, depuis 1835) à la Bibliothèque. Tout le monde le savait, M. Payen comme tout le monde. Et tous les employés présents ne se sont pas levés pour donner un démenti à Gouget! et personne ne lui a dit qu'il était un menteur! et on ne l'a pas chassé de la Bibliothèque! C'était bien là le cas alors de dire ce qu'on dit aujourd'hui. Non, on n'a rien dit; bien mieux, on croit au récit de Gouget; son autorité est restée intacte et respectée, notamment par M. Payen; et c'est à Gouget, qui en aurait ainsi audacieusement imposé en pleine Bibliothèque, que M. Payen a délivré ce que j'appellerais volontiers un certificat d'exactitude. (Voir plus haut, p. 13.)

« Concluons, messieurs, et disons hautement que jamais Gouget n'a dit ce qu'on lui fait dire; qu'il n'a jamais donné les détails qu'on lui fait donner; que M. Payen se trompe sur la localité qu'il désigne. »

une copie textuelle, et qu'ici se présente plus qu'une copie textuelle, un *fac-simile* de la pièce entière.

Encore une autre différence : le livre de M. Taschereau était notre unique témoin; ici nous avons encore pour nous le témoignage d'un catalogue.

D'abord, distinguons bien, et ne laissons pas embrouiller les idées avec les mots par M. Feuillet de Conches (1).

La collection connue sous le nom de Dupuy fut formée par les deux frères, Pierre et Jacques, qui demeuraient chez le président de Thou; ils la divisèrent en volumes. Le *catalogue par volume*, indiquant sommairement le contenu de chacun, savoir : les noms des principaux auteurs des lettres, les titres des édits, traités ou autres écrits, existe en original à la Bibliothèque, revêtu de la signature : 1° des héritières de Dupuy, les demoiselles Charron de Neufville, vendant à M. Joly de Fleury; 2° de l'abbé Sallier, garde de la Bibliothèque du roi, recevant la collection acquise de M. Joly de Fleury, récolement fait le 20 juillet 1754. Voilà ce qu'on appelle le catalogue par volume, ou simplement le catalogue de la collection Dupuy, qui présente le nom de *Montagne (sic)*, avec d'autres, dans le sommaire du volume 712.

Postérieurement à la vente des demoiselles de Neufville, comme les pièces relatives à un même sujet, à un même personnage avaient été placées dans des volumes différents, quelqu'un (on ne sait qui, ni à quelle époque, ni en quel lieu conçut l'idée de rédiger un répertoire de la collection entière, par ordre alphabétique des matières et des auteurs. Il releva sur des bulletins les noms et les titres de matières dans le catalogue par volume, rien de plus; les noms qui manquent dans les dépouillements sommaires de ce catalogue, manquent dans le relevé général Vint le rangement en un seul alphabet, et la copie sur registre de tous les bulletins; ce fut l'œuvre de scribes plus ou moins habiles et soigneux, plus ou moins surveillés ; certainement ils ne purent pas l'être par les frères Dupuy, morts en 1651 et 1656. Voilà ce qu'on appelle répertoire, inventaire, ou tout ce que M. Feuillet voudra.

Le nom de Montagne ne se trouve pas dans ce répertoire. Les rédacteurs de bulletins l'ont-ils omis par inadvertance ? ou le bulletin se sera-t-il égaré dans les travaux subséquents de fusion générale et de transcription sur registre ? ou le copiste aura-t-il mal lu le bulletin de Montagne, et confondu ainsi *Montagne* avec *Montagu?* C'est ce qui paraît le plus vraisemblable, pour peu qu'on

(1) Pages 75 et suiv.

réfléchisse à l'ancienne manière d'écrire, dans laquelle les *u* et les *n* de l'écriture cursive avaient une ressemblance à s'y méprendre, lorsque la main d'un calligraphe n'avait pas soin de dessiner et d'accuser toutes les lettres; l'*e* final aura bien pu être à peine indiqué et faciliter la méprise.

On lit à la lettre **M** de ce répertoire:

Mariage Montagu. — v. (volume) 761.
Lettres de Montagu. — v. 712.
De la condamnation du S. de Montagu, 1409. — v. 744.
Don de ses biens au Dauphin, 1409. — *ibid.*

Qu'un copiste trompé par une mauvaise lecture n'ait pas distingué l'auteur des *Essais* d'avec le surintendant de Charles VI, et qu'il ait placé ce dernier dans un volume formé tout entier de correspondances des XVIe et XVIIe siècles, on ne s'en étonnera pas. Mais étaler sous les yeux des juges et des lecteurs un fatras d'érudition emprunté des tables de bibliographie et des dictionnaires biographiques pour jouer sur des hypothèses de noms, *Montague*, *Montagne*, *Des Montagnes*, *La Montagne*, etc., c'est à faire à M. Feuillet seul (1).

La méprise même du copiste nous aide à rendre au nom de *Montagne*, dans l'art. 712 du catalogue par volume, sa vraie signification. Ces *Montagu* des volumes 744 et 761, écrivaient aussi dans les actes leur nom *Montaigu*, qui se prononçait *Montagu*, et s'ortographia dans les siècles suivants, conformément à la prononciation. Les tables des livres du P. Anselme et de La Chenaye-Desbois renvoient de *Montagu* à *Montaigu* et de *Montaigu* à *Montagu*. *Philippe de Champaigne* était indifféremment de *Champaigne* et de *Champagne*. Pascal, contemporain de Pierre et Jacques Dupuy, ne nommait pas l'auteur des *Essais* autrement que *Montagne* (2). Les descendants eux-mêmes du grand écrivain n'avaient pas une autre orthographe de leur nom (3).

Montaigne lui-même de son vivant s'entendait toujours appeler *Montagne*, rimant à *campagne*; tellement qu'il était obligé d'aver-

(1) Pages 77, 101, 102.

(2) Voyez l'édition, pour ainsi dire, *fac-similaire* du manuscrit de Pascal, par M. Faugère, tome I, p. 352, 358 et suiv.

(3) « L'ouverture des audiences du présidial de Montpellier fut faite le 16 de l'autre mois, par un discours très-poly que fit M. de *Montagne*, lieutenant principal de ce siége..., vous en serez persuadée quand je vous auray appris que ce digne magistrat est de l'illustre famille de Michel de *Montagne*, etc. » (*Mercure galant*, février 1680, p. 59-63.)

tir son imprimeur de ne pas oublier les *i*, de peur que les habitudes de la prononciation ne dérangeassent l'orthographe (1). L'orthographe à la fin céda, dans l'âge suivant, à la prononciation.

Il est donc hors de doute que le *Montagne* du volume 712 est bien le même et ne peut pas être un autre que *Montaigne*, et que la lettre *fac-similée* est celle qui fut rangée dans ce volume par les Dupuy, auprès de celle d'Etienne Pasquier.

Je le demande aux hommes impartiaux, mieux éclairés maintenant, est-il possible d'établir, selon la prétention de M. Feuillet (2), une valeur égale de témoignage entre le catalogue original par volume et le répertoire alphabétique, œuvre d'un inconnu, éloigné des Dupuy par les lieux et les temps?

Reste à éclaircir un point demeuré obscur, qui touche à l'honneur, et sur lequel M. Feuillet trouve matière à s'égayer; car sur quoi M. Feuillet ne bouffonne-t-il pas? Je veux parler de la tache d'encre qu'il appelle *le pa-âté de Brid'oison* (3), et qui a été mise sur le nom de *Montagne* au catalogue par volume, dans l'exemplaire de service, non pas dans l'exemplaire original gardé à part.

Lorsque le Conservatoire eut à s'enquérir dernièrement des titres de propriété de la Bibliothèque, la Note des conservateurs du département des manuscrits, communiquée à M. Feuillet, s'exprimait avec une parfaite convenance et beaucoup de ménagements. Mais lui, dans son pamphlet, suppose d'abord que, si cette tache est ancienne, elle pourrait être « d'un conservateur, de l'abbé de Lespine, par exemple, qui eût mis le catalogue d'accord avec le volume (4). » Mais elle est récente; M. Feuillet l'a reconnu, assisté de M. le docteur Payen et d'un conservateur (il faudrait dire d'un conservateur-adjoint, pour éviter toute équivoque; des quatre conservateurs-adjoints du département des manuscrits, il n'y en a qu'un qui voulût assister M. Feuillet dans ces sortes d'informations). Les trois examinateurs ne firent qu'un cri : « C'est de l'encre presque fraîche; cette rature n'a pas plus de trois mois (5) ! » Alors

(1) « On trouve au verso du frontispice gravé de l'exemplaire (d'une édition des *Essais* de 1588) corrigé par Montaigne, une page manuscrite, sans titre, mais qui n'est autre chose qu'un avis à l'imprimeur; ce qui prouve évidemment que cet exemplaire devait servir de copie pour la nouvelle édition qu'il projetait, et dont la mort de ce philosophe a privé le public.

« Le quatrième alinéa de cet avis est ainsi conçu : « Campaigne, Espaigne, Gascouingne, etc., mettez un *i* devant le *g*, comme à Montaigne. » (NAIGEON, préface de l'édition des *Essais*, 1802.)

(2) Page 76.

(3) Page 87.

(4) Page 84.

(5) *Ibid.*

le pâté n'aurait-il pas pour objet « non pas de dissimuler un vol, mais d'en faire soupçonner un (1) ? »

Il faut poser nettement la question et circonscrire le cercle des hypothèses. Non, la tache d'encre ne saurait être attribuée à l'abbé de Lespine ; elle n'est pas, non plus, une maladresse ni un accident de hasard ; elle est trop bien posée, trop renforcée de ratures. C'est l'œuvre d'une main coupable, et cette main ne peut avoir agi que pour vous ou pour nous.

Est-il nécessaire que la tache, si elle est ancienne, remonte à plus de trente ans ? La nécessité de cette date ne se fonderait que sur votre titre originaire de possession, base très-ruineuse, n'ayant d'appui que vos discours. Vous nous assurez que la tache n'existait pas à l'époque mythologique de l'enquête Letronne, dont personne ne se souvient hors vous et vos amis. Soit, je le crois aussi. Le voleur de l'autographe, dites-vous, n'aurait pas été si bête que d'effacer le seul nom de Montaigne sur le catalogue, en laissant subsister à côté les autres noms des auteurs des lettres qu'il enlevait en même temps (2) ; car le voleur a dérobé, comme vous dites, *un cahier tout entier*, une pincée. Le voleur ne volait pas, j'imagine, le catalogue à la main. La tache et le larcin ne sont pas du même temps, et dans l'intervalle, la pincée a pu se disperser en différents lieux.

Si personne n'a signalé la tache d'encre dans l'exemplaire de service du catalogue de Dupuy avant 1848, qu'y a-t-il d'étonnant ? Elle pouvait n'y être pas encore ; et, supposé qu'elle y fût, il n'y avait guère que les amis de M. Feuillet, soit ceux qu'il regrette, soit ceux qu'il aime à voir encore, les conservateurs attachés spécialement à la garde des manuscrits français, qui eussent eu occasion de s'en apercevoir. Si les prédécesseurs de M. Hauréau et vos amis du département des manuscrits n'ont rien aperçu, ne vous récriez pas tant ; vous savez bien qu'ils eurent toujours la main ouverte et les yeux fermés pour vous. Les volumes d'autographes précieux qui ne devaient point sortir de la Bibliothèque (3), si ce n'est par exception rare, livrés par centaines à votre discrétion (4) ;

(1) Page 85.
(2) Page 86.
(3) « Dans le département des Manuscrits, on ne prête aucun de ceux qui sont remarquables par leur ancienneté, leur importance ou leur rareté. » Art. 75, *Règlement* du 26 mars 1833.
« On ne prête aucun des manuscrits qui sont remarquables par leur ancienneté, leur importance ou leur rareté, ni aucune pièce ou manuscrit autographe. » Art. 99, *Règlement* du 30 septembre 1839.
(4) Voir aux *Pièces justificatives* la pièce C.

les lettres de Racine et de Boileau, cette réserve des réserves, emportées chez vous; tant d'autres facilités inouïes ne prouvent-elles pas que vous jouissiez auprès de ces messieurs d'un privilége unique de confiance, et que vous aviez un magnétisme pour endormir leur prudence quand il vous semblait bon? Cette tache fut découverte en novembre 1849 par M. Lalanne, dans le cours de ses recherches en qualité de délégué de l'autorité judiciaire, et il se souvient parfaitement des circonstances. C'était à la fin d'une séance, au moment où l'on avait annoncé au public l'heure de la clôture, et il s'empressa de montrer la page à M. Hauréau, conservateur, et à M. Claude, employé, les deux seuls fonctionnaires alors présents. La tache n'est donc pas aussi récente que l'ont crié tout d'une voix, comme dans un chœur appris à chanter d'accord, M. Feuillet, qu'il m'est bien permis de ne pas croire sur parole, M. le docteur Payen, qui n'est pas infaillible, enfin le conservateur assistant, qui n'est ni M. Hase, ni M. Hauréau, ni M. Reinaud, ni M. Guérard, ni M. Stanislas Julien et qui ne peut être que M. Paris, dont je récuse le témoignage en toute affaire intéressant la Bibliothèque nationale; je dirai pourquoi tout à l'heure. Auparavant, concluons au sujet de la tache d'encre.

A qui importait-il, surtout depuis l'émotion d'un procès fameux en 1848, de faire disparaître d'un catalogue usuel le nom de *Montagne* sous une épaisse couche d'encre? Au possesseur de l'autographe compromis, comme il l'avoue lui-même, par des traditions indiscrètes depuis 1837 (1), ou aux conservateurs, auxquels cette tache ne servait de rien, à moins d'avoir le pressentiment qu'un jour, en 1850, ils s'attacheraient à la remorque de M. Jubinal, qui n'avait encore rien dit, ni rien à dire, et qu'ils seraient mis en demeure par M. Feuillet de déclarer, oui ou non, si la lettre de Montaigne avait appartenu à la Bibliothèque? Je le répète, la tache d'encre est l'œuvre d'une main coupable, qui ne peut avoir agi que pour M. Feuillet ou pour nous.

Maintenant je vais m'expliquer sur M. Paris.

Je récuse le témoignage de M. Paris, parce qu'il a été capable d'imprimer contre une partie de ses collègues un libelle dont le titre était déjà un trait de malveillance très-peu véridique : « *De la nécessité de* COMMENCER.... *le catalogue des livres imprimés* (2), et dont le texte était rempli d'inexactitudes semblables à celle-ci : « Je

(1) *Voyez* plus haut, p. 10.

(2) On avait déjà fait un travail considérable depuis plusieurs années, et MM. les conservateurs des imprimés vont être en mesure de livrer les premiers volumes à l'impression.

me souviens qu'en 1832 on disait qu'il y avait dans Paris trois cents personnes qui jouissaient du privilége d'emprunter nos livres. Quel abus intolérable!... Or, voici comment on réforma l'abus. Le prêt était un privilége, on le convertit en droit.... En quelques années, grâce à la réforme, les trois cents de M. Van Praët ont été remplacés par les *dix-huit cents* de M. Naudet (la première édition disait *deux mille*). » Et, dans une lettre des conservateurs au ministre de l'Instruction publique, imprimée en 1839, signée des noms de ses amis, il avait lu : « Au lieu de plus de 2,200 emprunteurs, dont la liste existait avant 1832, il en a été admis après huit années moins de 600 (1). »

Je récuse M. Paris, parce qu'il a été, est et sera toujours l'allié des *collecteurs* contre la Bibliothèque; parce que, non content de les aider, de les favoriser de sa correspondance et de ses secours dans leurs procès contre elle, il se met en quête, auprès des amateurs paisibles, de réclamations à faire à son préjudice (2).

Enfin, je récuse M. Paris, le croirez-vous, monsieur Feuillet? parce qu'il vous a mis de son chef en grand péril. Vous vous en tirez aujourd'hui tous deux, il est vrai, par un tour hardi; il vous tend la main, et vous ouvre lui-même une issue. Mais l'issue se ferme malgré lui; l'écrit reste, et n'en tourne pas moins à votre confusion.

Vous trompiez vos juges quand vous imprimiez, et en caractères italiques, afin de les mieux tromper par un air d'exactitude et de précision, qu'un certain autographe de Malherbe avait disparu *dans la première quinzaine de novembre* 1838 (3), d'un volume qui vous fut prêté *le dix-sept* de ce même mois; et, selon vous, « M. Paris le constate par une note inscrite sur la pièce voisine de celle qui fut dérobée, dit-il, par un inconnu en pleine salle de lecture (4). »

(1) *Deuxième lettre des conservateurs de la Bibliothèque royale, sur l'ordonnance du 22 février* 1839, p. 24.

(2) « Monsieur et cher directeur général, vous n'avez point oublié que je vous ai remis, il y a un an environ, une lettre autographe sur un simple signe de vous. Or, j'apprends aujourd'hui que cette lettre ne fait point partie de vos collections, qu'elle n'en a jamais fait partie, qu'elle s'en détache complétement, etc. M. Paulin Paris, qui me permet de le citer, m'a donné cette assurance d'une manière formelle. Cela posé, je n'ai qu'à vous prier.... « GENTY DE BUSSY.

« Paris, 28 novembre 1850. »

M. Genty de Bussy a acquis la preuve de la fausse démarche où l'on voulait l'engager.

(3) Page 158.

(4) Page 150.

La première quinzaine de novembre! le dix-sept du même mois! dérobé par un inconnu en pleine salle de lecture! Il vous est absolument nécessaire, en effet, que tout cela s'explique et se date ainsi : mais la réalité se comporte autrement. Il n'y a de vrai que le vol et que la date de votre emprunt. Il n'y a de constant, je ne dis pas de vrai, que cet aveu, savoir : que *la note existait déjà quand le volume vous fut prêté*(1). La voici, cette note, la voici textuellement de la main de M. Paris; rien de plus, rien de moins :

La feuille suivante a été coupée au mois de novembre 1838.

Où donc M. Feuillet a-t-il trouvé la *première quinzaine de novembre?* où donc a-t-il vu l'*inconnu* de la salle de lecture? Dans la déclaration verbale de M. Paris pour la cause, apparemment.

Quoi! au moment de retirer le volume, au moment de signer le reçu, vous lisez cette note, qui peut vous envelopper dans le soupçon du vol, et vous n'exigez pas qu'on marque une date précise antérieure à votre emprunt! Vous n'exigez pas qu'on vous affranchisse de toute crainte ultérieure de poursuites par la mention expresse de l'inconnu, auteur du larcin Et vous ne renoncez pas à profiter du prêt plutôt que de subir une telle condition! Je devine : vous n'aviez pas ouvert le volume avant de l'apporter chez vous, où vous avez eu plus de huit jours pour le feuilleter(2). Mais, dès que cette note a frappé vos regards, cette note si dangereuse, si compromettante sans le secours de l'interprétation verbale, vous n'avez pas à l'instant couru à la Bibliothèque, rapporté le volume, sommé les conservateurs d'ajouter à la note une explication nette, et de vous donner une garantie contre ce vague menaçant! Vous vous seriez conduit avec la candide imprévoyance d'un enfant en bas âge; et vous étiez alors un homme d'administration depuis vingt-trois ans (3).

Vraiment, plus je relis ce passage de la brochure de M. Feuillet, moins je puis concevoir ou sa naïve inadvertance d'autrefois, ou la hardiesse de son explication d'aujourd'hui. Il dénonce :

« L'odieuse et perfide insinuation touchant l'enlèvement du *Malherbe*, alors qu'il était de notoriété publique pour tous les employés de la Bibliothèque nationale que la pièce avait été coupée en pleine salle de lecture par un inconnu dans la *première quin-*

(1) « Le 17 du même mois, ce même volume m'était confié pour la préparation d'une édition nouvelle des lettres de Malherbe; la note existait déjà. » P. 150.

(2) Du 17 novembre au 26.

(3) *Voyez* plus haut, p. 7, note 1.

zaine de novembre 1838, par conséquent, avant le *dix-sept*(1) de ce même mois, jour où, pour la préparation d'une édition nouvelle des lettres du poëte, le volume mutilé était confié à M. Feuillet, jusqu'au 26 du même mois de novembre, sous l'autorité du conservateur, par M. Paulin Paris, l'auteur même de la note inscrite au volume. »

Ainsi, le conservateur et M. Paulin Paris, auteur de la note, et l'emprunteur lui-même, n'ont pas eu à eux trois l'idée du moindre danger dans le rapprochement de cette date ondoyante du larcin avec la date invariable de l'emprunt! Ils ont pensé tous trois que *au mois de novembre* voulait dire incontestablement *avant le 17 novembre* ou dans la *première quinzaine de novembre*, pas autre chose! On devait s'appuyer, d'ailleurs, du fait *de notoriété publique pour tous les employés de la Bibliothèque nationale*, comme si l'on avait été dans l'usage de notifier par une proclamation au département des imprimés, à celui des médailles, à celui des estampes et de la géographie, qu'une pièce aurait disparu d'un recueil du département des manuscrits. Certes, à ce compte, les proclamations se seraient fort multipliées pour les volumes prêtés à M. Feuillet, et la notoriété publique serait d'autant plus surprenante, en cette conjoncture, que MM. Hase, Reinaud et Guérard, du département même des manuscrits, n'ont pas eu la moindre connaissance du fait.

Mais, à moins d'accuser nommément l'emprunteur du 17 novembre, était-il possible à M. Paris de rien faire de plus hostile contre lui que de garder, en sa forme et teneur, la note toute chargée d'incrimination? S'y serait-on pris autrement, si l'on avait voulu, en écrivant cette note après la restitution du volume, prendre un gage contre l'emprunteur, ou tenir en réserve une arme cachée, qu'on aurait la liberté de transformer, par un commentaire bénévole, en un bouclier à son usage, si l'on était content de lui, ou d'aiguiser en épée pour le percer de part en part, si l'on se fâchait; épée à deux tranchants, sous l'éclair de laquelle on serait toujours sûr de l'amener à merci? Il est bien malin, M. Paris!

A un autre témoin maintenant, dont j'avais oublié de discuter la valeur, et que l'analogie des conditions d'état me rappelle en ce moment, M. Duchesne, avec qui M. Feuillet *n'a jamais eu que des relations polies de public à conservateur, et de l'amitié duquel il s'honorerait, si elle existait* (en 1851) (2), le même M. Duchesne, qu'en 1846 M. Feuillet appelait son ami, et l'ami de ses

(1) Les italiques sont de M. Feuillet, p. 150.

(2) Page 158.

amis (1). De quoi vient déposer M. Duchesne? Vers 1827, dans le temps qu'il recueillait des écritures d'illustres personnages pour l'*Isographie,* M. l'abbé de Lespine, à qui il demandait du *Montaigne,* lui assura qu'il *n'avait jamais trouvé à la bibliothèque de lettres de son célèbre compatriote* (2). M. Feuillet fait là-dessus une réflexion très-juste : « Peut-on raisonnablement admettre que si l'abbé de Lespine eût trouvé un autographe de Montaigne, il l'eût célé à l'un de ses amis, à l'un de ses collègues, après en avoir donné communication à un étranger quelques années auparavant?» Mais, d'un autre côté, comment l'abbé de Lespine ne renvoyait-il pas M. Duchesne à M. Feuillet, qui voudrait que chacun imprimât sur ses livres une inscription semblable à celle que Grollier mettait sur les siens : « *A Grollier et à ses amis.* » Il paraît que certains amateurs ont cru voir quelque chose de pareil sur ceux de la Bibliothèque. Est-ce que M. l'abbé de Lespine aurait oublié la lettre *qu'il avait baisée* (3) entre les mains de M. Feuillet? Impossible, les instances réitérées de M. Duchesne ne pouvant manquer de lui en rappeler le souvenir. M. Feuillet aurait-il refusé à M. Duchesne ce qu'il accorda plus tard à madame Delpech? ou bien M. Duchesne, connaissant le *fac-simile* de M. Gouget, aurait-il été plus difficile que madame Delpech, et n'aurait-il pas voulu reproduire ce que M. Gouget avait publié? Alors, d'où vient son silence, qui laisse M. Feuillet dans une sécurité périlleuse et la Bibliothèque dans une insouciance répréhensible? On ne s'explique pas plus la quiétude de M. Duchesne soit avec la connaissance, soit dans l'ignorance de la publication de M. Gouget, qu'on ne devinerait le motif de la discrétion envieuse de M. de Lespine à l'égard de M. Duchesne, si M. Feuillet lui avait montré en 1820 l'autographe du *célèbre compatriote;* à moins de penser que l'abbé de Lespine était fou aussi, de cette folie qui conduit à la perte de la mémoire (4). Vraiment la déposition de M. Duchesne ne me semble pas aussi *accablante* qu'on veut bien le dire (5), même lorsque j'apprends de M. Feuillet que M. Duchesne, âgé à peine de soixante-douze ans, compte déjà *quatre-vingts ans d'une vie irréprocha-*

(1) « Mon ami, M. Duchesne aîné, aujourd'hui conservateur des estampes, alors un des premiers employés de la Bibliothèque, et qui a vendu de ces mêmes parchemins du dépôt, non à moi, mais à notre ami commun, M. Fossé-d'Arcosse, conseiller référendaire. » Lettre de M. Feuillet de Conches, [illegible] janvier 1846, imprimée dans la *Lettre à M. de Falloux*, etc., p. 259.

(2) M. Feuillet, p. 93-94.

(3) *Id.*, p. 5. — Voyez plus haut, p. 8.

(4) Voir plus haut, p. 21.

(5) Page 160.

ble (1), et lorsqu'il raconte parmi les actes de cette vie si pure des ventes illicites d'autographes (2), ainsi que des mensonges officieux, des *erreurs commises à dessein* dans l'*Isographie* (3).

Chez les Francs, nos aïeux, les tribunaux jugeaient de l'innocence ou de la culpabilité d'un homme sur la foi et d'après le caractère de ses répondants, qu'on appelait *conjuratores, compurgatores*. Jugez de M. Feuillet par ses alliances, et des alliés par M. Feuillet.

IV.

Quelle est la bonne foi de M. Feuillet de Conches.

Personne, je crois, ne sera dupe d'un paralogisme d'interprétation, qui serait un excès de naïveté chez M. Feuillet, s'il n'était un excès d'audace, d'imprimer dans son pamphlet (p. 108, 175), et dans la réimpression des morceaux choisis du plaidoyer de son avocat (p. 184), que nous certifions nous-mêmes sa parfaite délicatesse. De quelques ménagements de politesse dans une Note communiquée, lorsque nous en étions encore aux termes d'une discussion amiable, et que nous devions croire que sa proposition était sincère, conclure en toute rigueur que nous rendons hommage à sa loyauté, à sa bonne foi dans la suite de ce débat, certes, M. Feuillet n'y pense pas, ou il compte étrangement sur la débonnaire crédulité de ses lecteurs.

Après tout ce qu'on a vu déjà, la question de la bonne foi de M. Feuillet semblerait oiseuse, et toute discussion surabondante. Mais comme il a enveloppé, travesti, souvent escamoté la matière litigieuse dans un déluge de personnalités, qu'il me soit permis, après les affaires de la Bibliothèque, de m'occuper un peu des fonctionnaires maltraités. Leurs intérêts sont d'ailleurs tellement unis avec les siens, qu'on ne peut venger les uns sans défendre les autres. Connaissons donc bien M. Feuillet; car l'homme, c'est la cause.

Ce bon M. Feuillet, que vous voyez si plaisant dans tout le cours de son pamphlet, grimaçant des gaîtés rabelaisiennes, s'affublant en masque d'un rapetassage de chiffons arrachés à la mantille de

(1) Page 161.
(2) Je dis illicites. Voy., aux *Pièces justificatives*, le n° D.
(3) Pages 44 et 102.

Molière, à la robe du docteur de Montpellier, à la défroque des vivants et des morts, c'est un homme tout rempli de piété.

Qu'il fabrique une généalogie à la spirituelle beurrière de Lyon, pour instituer Lémontey héritier de la lettre de Montaigne au préjudice de la Bibliothèque nationale et à son profit personnel, par supposition d'enfant (1), crime prévu par le code pénal, article 345, eh bien, c'est de la piété (2).

Qu'il *rhabille* des pièces *qui n'étaient pas en très-bon état* (3), c'est-à-dire qu'il sophistique et déguise des autographes à mettre en vente, comme celui de Gabriel Naudé, par exemple, arrangé en feuille double par l'ajustage d'un feuillet de papier ancien, si bien aminci au bord, si finement recollé, si habilement jauni d'une teinte enfumée le long des nouveaux plis pour simuler une trace de vétusté, que chacun y est trompé, à moins d'être prévenu et d'y bien regarder : artifice consommé du brocanteur, et non point curiosité de l'amateur véritable (4) (l'amateur conserve les débris du vieux temps et les respecte dans leur état fruste, se gardant bien de les profaner par des rhabillages imposteurs); que M. Feuillet, dis-je, pratique ce maquignonnage, c'est *par piété* pour son pauvre ami de Châteaugiron (5).

Qu'il vende sous le nom de M. de Châteaugiron des autographes volés à la Bibliothèque nationale, piété, pure piété.

Quel dommage que la colère et la haine versent parfois dans cette âme pieuse tant de fiel et de méchanceté noire! Comment se fait-il qu'à l'occasion d'une lettre de Montaigne, qu'il nous oblige lui-même de revendiquer, il vienne exhumer un écrit d'une folle jeunesse, oublié depuis vingt ans, pour dénigrer, calomnier et perdre, s'il lui était possible, l'homme de quarante ans qui sut prendre et tenir avec une fermeté inébranlable, à l'Assemblée constituante, une position si noble et si courageuse dans les jours critiques, et s'est fait honorer des plus estimables? A-t-il bien pu, sous prétexte d'honneur outragé, se montrer à ce point étranger à tout sentiment d'honneur et de pudeur, que d'aller colporter à la Préfecture de police, dans les ministères, dans les journaux quelquefois par abus de la confiance du journaliste lui-même, des dénonciations in-

(1) Voy. plus haut, p. 18.

(2) « Montaigne.... admirerait vraisemblablement avec quelle piété je dispute, à la pointe d'un procès, une feuille de sa main, relique sauvée par le fils de la beurrière de Lyon. » Note 1, p. 149, et p. 81.

(3) Page 137, note 1.

(4) Comme le dit M. Feuillet, p. 169.

(5) « Par piété pour mon pauvre ami de Châteaugiron, j'avais donné un soin particulier à cette vente, » p. 137.

fâmes avec de traîtreuses citations? Par un faux semblant de sensibilité révoltée : « Sa plume, s'écrie-t-il, brûlera le papier de paroles indignées. » Et sa plume ne sait rien faire de mieux que copier tranquillement et insidieusement des extraits choisis et commentés. Vos paroles brûlantes, c'est le venin du délateur, froid comme celui de la vipère, mais non pas meurtrier cette fois, grâce au ciel et à la conscience des honnêtes gens.

Après de telles énormités, m'étonnerai-je, moi, que M. Feuillet me reproche d'avoir fait saisir un manuscrit de la Bibliothèque du roi Louis-Philippe, « sur le motif qu'il avait été *volé par Louis XIV*, au préjudice de la Bibliothèque royale (1)? » Et toujours les italiques pour noter l'exactitude littérale du récit, qui demande rectification.

Le 28 février 1848, un habitué du département des manuscrits y apporta une funeste nouvelle : la Bibliothèque du château de Neuilly venait d'être ravagée avec tout le reste. Les livres avaient été jetés, dispersés dans la boue; la mairie avait donné asile à quelques-uns. Je fus averti, et, le 2 mars, je recevais de M. Marrast, administrateur provisoire de l'ancienne liste civile, l'invitation de rassembler et faire transporter à la Bibliothèque nationale *les livres, gravures, et autres objets imprimés ou manuscrits*. Quelques-uns des principaux fonctionnaires de la Bibliothèque voulurent bien s'employer à cette espèce de sauvetage. Douze voitures de livres, d'albums et d'atlas furent placés dans un local préparé à la hâte. Deux mois après, la liquidation de la liste civile les retira. Un beau manuscrit de Gaston Phœbus avait été remarqué et déposé au département des manuscrits, à cause du numéro d'inventaire et de la vieille estampille de la Bibliothèque royale. Lorsque la liquidation de la liste civile le réclama, pour le vendre peut-être avec le linge, les chevaux et les voitures (on pouvait le craindre), ce fut l'objet d'une délibération approfondie du Conservatoire. On entendit un rapport qui, en s'appuyant des notes de la main de Boivin au catalogue de 1682, des observations consignées par les commissaires au récolement de 1719, de l'inscription faite par l'abbé de Targny au nouveau catalogue de 1730, démontra que, dans l'opinion de nos prédécesseurs, le roi Louis XIV avait voulu déplacer momentanément, et non aliéner de la Bibliothèque du roi, le manuscrit de Gaston. Le Conservatoire adopta la teneur et les conclusions du rapport, je le transmis au ministre de l'Instruction publique; la liquidation de la liste civile ne persista point. Voilà ce que M. Feuil-

(1) Page 148.

let appelle mon accusation de vol contre Louis XIV et ma saisie sur le roi Louis-Philippe, dont j'ai toujours honoré les grandes qualités et les vertus, et dont je respectais le malheur comme chose sacrée. Honnête M. Feuillet!

Ai-je besoin de démentir la fable d'un *huissier* (toujours en italique) dépêché par moi à un illustre orientaliste? J'adresse des prières instantes à mes confrères, quand mon devoir et les réclamations des conservateurs ne me permettent pas de tolérer l'absence de manuscrits demandés par d'autres savants, de manuscrits empruntés depuis plus de vingt-cinq ans. Je n'envoie pas d'huissiers. Honnête M. Feuillet!

Et le conte « de ce fameux exemplaire des vingt volumes du *Recueil des historiens des Gaules et de la France* (un beau livre en vérité), cédé par M. Naudet lui-même à... M. Franck (1), » lequel exemplaire serait « revêtu d'estampilles grattées ! » Cela mérite explication : L'Académie m'avait fait l'honneur, il y a environ vingt ans, de m'associer à M. Daunou pour la continuation du *Recueil*. Je tâchai aussitôt de me procurer la tête de l'ouvrage; j'avais les quinzième et seizième volumes; il me fallait un outil nécessaire pour mon travail, et non un ornement de bibliothèque. Un libraire de Toulouse, M. Larnaudie, de passage à Paris, me vendit les onze premiers volumes seulement, couvertures déchirées, marges entamées par la moisissure. Je lus le texte, et ne songeai pas à regarder les titres et les faux titres. J'ignorais alors les pillages des bibliothèques, et ne me serais pas avisé de remarquer des trous ronds indiquant une place d'estampille enlevée. Depuis plusieurs années, mes études se sont portées ailleurs. Je voulus me défaire par échange de ces volumes, qui, en leur état, ne pouvaient tenir une place dans ma bibliothèque. Je m'adressai à M. Franck, qui m'avait transmis, comme correspondant de M. Libri, la *Lettre à M. de Falloux*. M. Franck, en examinant les livres, observa et m'apprit ces lacunes d'ancienne estampille. A l'instant je déclarai à M. Franck que de tels livres ne sortiraient pas de chez moi; ils y sont encore. Ainsi, au lieu d'un beau livre en vingt volumes, onze volumes incomplets, perdus de vétusté; au lieu d'estampilles grattées, un vide cerné par une ligne noire; au lieu d'une vente consommée, un projet d'échange péremptoirement et sur-le-champ abandonné. Honnête M. Feuillet!

Mais je me fatiguerais et j'abuserais de la patience du lecteur, si je voulais citer toutes les pages remplies de pareils jeux d'es-

(1) Pages 147, 148.

prit. Qu'il me suffise de remarquer que beaucoup de ces anecdotes apocryphes sont ramassées dans les factums de M. Libri et dans les libelles de la mauvaise queue de M. Libri (1), gens auxquels on ne daigne pas répondre, pas plus que je ne répondrais à M. Feuillet, s'il n'y allait pas d'un intérêt de la Bibliothèque, et si sa *position officielle* (2) ne le relevait pas de son indignité. Toute cette engeance est liguée contre les établissements publics; ils s'entendent si bien, qu'ils se copient les uns les autres sans se croire plagiaires. On en jugera par quelques rapprochements; ils valent la peine qu'on s'y arrête un instant.

La thèse de la *Lettre à M. de Falloux* par M. Libri était celle-ci : « On a énormément volé de livres et de manuscrits dans les bibliothèques de l'Etat et des villes; donc ceux qui possèdent à présent des objets volés possèdent légitimement. »

M. Feuillet argumente, en douze pages (115-126), sur la même thèse, et souvent presque dans les mêmes termes. Il prend fait et cause pour l'honorable conservateur du *British museum* contre ce M. Naudet, qui avait l'impertinence d'être scandalisé de cette phrase du conservateur, imprimée dans la lettre de M. Libri, p. 87 : « Ce fait étant indubitable, que les collections et les archives ont été, à plusieurs reprises et depuis quelques années, mises au pillage, on ne peut pas présumer que quelqu'un possède d'une manière illicite ce que ces dilapidations prouvent suffisamment pouvoir être possédé légitimement. » J'avais dit que cela équivalait à l'inverse du fameux apophthegme : « La propriété, c'est le vol. » M. Feuillet m'interdit le droit de réclamer contre « le modèle des bibliothécaires. »

M. Libri écrit malicieusement à M. de Falloux, p. 53 : « Si l'on voulait prendre exemple sur ce qui s'est fait à la Bibliothèque nationale, on arriverait même à des conclusions plus larges. On sait, en effet, que cette Bibliothèque possède un grand nombre d'ouvrages dont elle ne saurait légalement justifier l'origine. Ce sont en général des volumes du plus grand prix, que les armées victorieuses de la république et de l'empire avaient enlevés aux bibliothèques des pays conquis.... Il y a quelques années, qu'au second étage des manuscrits de ce grand établissement, on a montré à une personne que je pourrais nommer des manuscrits précieux qu'on disait provenir de certaines bibliothèques de la Belgique.... C'est seulement pour le plaisir de l'argumentation que je cite ces faits. »

(1) Page 124.
(2) Page 122.

M. Feuillet écrit, pour le plaisir aussi de l'argumentation, p. 119-121 : « Certes, la plupart des dépôts publics, à commencer par les Archives générales de la République et la Bibliothèque nationale, seraient fort empêchés s'il leur fallait articuler par le menu les origines de tout ce qu'ils conservent... Mais, à coup sûr, il y aurait trop d'exigence et de malice à demander aux Archives nationales et à la Bibliothèque nationale de nous permettre de soulever un coin du voile. Si c'est un secret, ne le trahissons pas. Je déclare néanmoins tout haut que je ne saurais partager la doctrine de M. Naudet touchant les prétendues conquêtes de la *gloire* et de la *victoire* (1). Je suis aussi sensible que lui à l'honneur de mon pays; mais je rougirais de placer cet honneur dans l'obstination à ne pas rendre ce qui ne lui appartient pas. »

M. Libri (pages 53, 315) : « Lorsqu'à la vente de la grande collection des manuscrits de Richard Heber, la Bibliothèque nationale acheta le fameux *Cancionero de Baëna*, elle savait parfaitement que ce volume avait été dérobé en Espagne à la bibliothèque de l'Escurial; car cette provenance était indiquée dans le catalogue imprimé de vente. »

M. Feuillet de Conches, p. 122 : « Il faudrait que le cabinet des manuscrits n'eût point acheté le *Cancionero de Baëna*, connu comme volé à l'Escurial. »

Belle entente cordiale entre l'Italien déchu de l'adoption hospitalière de la France, devenu Anglais par désespoir, et un Français, employé supérieur d'un ministère, pour exciter les étrangers à faire irruption dans la Bibliothèque nationale!

(1) M. Feuillet fait allusion à ces paroles de ma *Lettre à M. Libri*, p. 20, 21 :
« Sous quelle inspiration avez-vous écrit? Qui prétendez-vous justifier, qui prétendez-vous condamner, quand vous annoncez que le *British museum* possède « treize feuillets arrachés, depuis le siècle dernier, au célèbre manuscrit (de la Bibliothèque nationale) qu'on appelle communément la *Bible de Charles le Chauve* (p. 51), » et qu'il a composé « plusieurs volumes de fragments sortis principalement de France, et arrachés aux plus beaux et aux plus précieux manuscrits..., deux feuillets par-ci, quatre feuillets par-là..., des miniatures très-précieuses, des fragments d'auteurs classiques du IXe et du Xe siècle, etc.» (*ibid.*)? Il y a donc là, selon votre récit, un port de franchise pour les ravageurs des bibliothèques du continent, un marché ouvert aux pirates de la librairie? « Mais le *British museum* n'achète que de personnes connues, et dont la probité lui est démontrée. » Le correctif ne corrige rien. Ces honnêtes et discrètes personnes, de qui avaient-elles acheté elles-mêmes? Il suffit donc qu'elles s'interposent entre le *British museum* et les voleurs pour tout purifier?
« Ah! gardez-vous de comparer à cette bibliopolie de contrebande et de rapine les conquêtes dont nos soldats avaient enrichi, au commencement de ce siècle, nos bibliothèques et nos musées. Ils avaient affronté la mort sur les champs de bataille, et avaient payé de leur sang. Les autres conquérants n'ont bravé que le danger des galères. »

Quelle honte, que les Espagnols eux-mêmes flétrissent par le contraste de leur exemple la conduite de ces Français dénationalisés, dénaturés! Il y a quelque temps, M. l'ambassadeur d'Espagne demanda, pour une édition du *Cancionero* qui se préparait dans son pays, le prêt du manuscrit pendant trois mois. M. l'ambassadeur savait bien que le silence du représentant de son gouvernement à Londres, lors de la vente si solennellement, si explicitement annoncée, avait dû équivaloir à une sorte d'acquiescement. Mais j'avoue que j'eus le grand tort, et que le Conservatoire partagea le tort avec moi, d'hésiter beaucoup à conseiller au ministre de l'Instruction publique de laisser partir le manuscrit pour un si lointain voyage, et si périlleux : nous pardonne l'Espagne de l'avoir pu craindre! La négociation traîna longtemps. A la fin, je remis, avec l'autorisation du ministre, à M. le secrétaire de l'ambassade, le manuscrit, qui partait sous la garantie de M. l'ambassadeur, et que je recommandai à la foi de M. le comte de Soto-Mayor personnellement. Trois mois après, le manuscrit rentrait à la Bibliothèque, scellé du sceau de l'honneur castillan.

V.

Quels sont les torts de l'administration de la Bibliothèque envers M. Feuillet de Conches.

La Bibliothèque a été poussée, s'il faut l'en croire, dans une mauvaise querelle contre lui, par des inimitiés, des rancunes personnelles. « Le chapitre des causes secrètes, dit-il, est toujours bon à consulter (1). » Je donne ici une nouvelle édition du chapitre entier, sauf additions et corrections à la suite :

« Un jour (c'était il y a trois ou quatre ans), un de mes amis, M. Melchior Tiran, chancelier de l'ambassade de France à Madrid, avait reçu mission de recueillir en Espagne, pour la Bibliothèque royale (2), des livres et des manuscrits. Il en envoya plusieurs caisses, et, en prévenant le ministre de l'Instruction publique de cet envoi, il fit passer les factures d'acquisition et ne réclama

(1) Page 112.

(2) Première erreur de l'historien. Il faut réserver son jugement sur les faits de ce récit jusqu'à la lecture des commentaires et pièces justificatives qui suivront. Alors on appréciera le caractère de l'historien.

que ses déboursés (1). De mon côté, sur sa prière, j'invitai officieusement (2) M. Naudet à vouloir bien ordonner un récolement des livres et manuscrits, et à faire connaître promptement sa décision au ministre, qui avait promis une réponse à mon ami. M. Naudet choisit et marchanda comme s'il eût eu affaire à un spéculateur (3), et, le croirait-on? ne s'entendant pas avec M. Tiran blessé de ce marchandage, et qui annonçait, du reste, qu'il serait à Paris sous quinze jours, il s'en prit à moi, et me cita devant le tribunal civil pour que j'eusse à faire enlever sur-le-champ les caisses, sous peine de les voir jeter à la rue dans les vingt-quatre heures (4). En vain je lui fis observer que cela ne me regardait pas, que M. Tiran était comme lui le délégué du ministre de l'Instruction publique (5), et que c'était au ministre qu'il fallait s'adresser; que ce n'était pas moi qui avais envoyé les caisses (6), que je n'étais pas le fondé de pouvoirs de M. Tiran, et n'étais intervenu qu'en dehors de l'action officielle et seulement pour lui transmettre une prière (7); M. Naudet tint bon. Il fallut aller en référé; le juge, en entendant l'exposé des faits, haussa les épaules et brisa là, déboutant M. Naudet de sa plainte (8). *Inde iræ* (9)! »

A présent, les rectifications nécessaires au chapitre des causes secrètes; elles mettront dans son jour la manière dont M. Feuillet mène les négociations.

Il y avait déjà plusieurs mois que M. Tiran était parti pour l'Espagne, après avoir offert ses services à la Bibliothèque, lorsque M. le ministre de l'Instruction publique m'écrivit :

« Paris, 19 septembre 1842.

« Monsieur le directeur, M. Tiran, chargé par le ministère de l'Instruction publique, d'une mission scientifique (10) en Espagne, en m'adressant un rapport détaillé sur l'état des archives et des bibliothèques publiques du royaume de Valence, vient de m'informer qu'il a fait l'acquisition d'une collection historique com-

(1) Encore fallait-il que la Bibliothèque reçût la valeur du remboursement qu'on lui demandait.

(2) Officieusement pour l'expéditeur, non pour la Bibliothèque.

(3) Était-il permis à M. Naudet d'être généreux des deniers de l'État ?

(4) Couleurs et anachronismes qui faussent encore le récit.

(5) Troisième erreur, en ce qui touche la Bibliothèque.

(6) Quatrième erreur.

(7) Cinquième erreur.

(8) Sixième erreur.

(9) Pages 111-112.

(10) Non pas certainement pour la Bibliothèque en particulier.

posée d'environ six mille pièces, la plupart manuscrites, et réunies, dans le courant du siècle dernier, par les soins de don Philippe Beltran, évêque de Salamanque et grand inquisiteur d'Espagne.

« Cette collection précieuse, achetée au prix de 1,345 francs, était restée jusqu'à ce jour entre les mains de la famille de don Philippe Beltran, avec laquelle M. Tiran a dû traiter directement......... J'ai donc l'honneur de vous communiquer ces détails que m'a donnés M. Tiran sur cette collection, en vous priant, monsieur le directeur, de vouloir bien engager le Conservatoire à me proposer, s'il y a lieu, cette acquisition....... »

Le Conservatoire donna un avis favorable, et sept mois après je recevais une lettre de M. Tiran, datée de Madrid, 29 avril 1843, qui m'apprenait que M. le ministre des Affaires étrangères m'avait envoyé, par l'entremise de son collègue de l'Instruction publique, la collection de Beltran. M. Tiran me priait d'ordonnancer sans retard le payement, en m'avertissant, toutefois, que « quelques documents politiques, faisant partie de la collection Beltran, avaient été retirés par le ministère des Affaires étrangères, et qu'on pourrait établir facilement la déduction qu'il y aurait à faire sur le prix d'achat primitif. »

Je reçus ensuite vingt-neuf liasses qui ne paraissaient pas du tout, à première vue, former une masse équivalente à deux cents volumes, telle qu'on l'avait promise ; enfin, après réclamation, une trentième liasse arriva du ministère des Affaires étrangères. Le contenu, quand on en vint au voir et au prendre, ne causa pas un moindre désappointement. Je copie le rapport signé des deux conservateurs du département des manuscrits, et minuté de la main de M. Champollion-Figeac, dont M. Feuillet ne récusera pas, j'espère, le jugement :

« Paris, 24 mai 1843.

« Ces trente liasses ont été examinées attentivement une à une, et le résultat incontestable de cet examen, c'est que ces trente liasses, qui formeraient à peine cent volumes ordinaires, ne représentent point les quatre-vingts liasses ou deux cents volumes annoncés par M. Tiran. La Bibliothèque n'a donc point reçu, sous le seul rapport de l'ensemble matériel, la quantité de documents qui lui a été vendue, et qu'elle a entendu acquérir au prix de 1,345 francs.

« Sous le rapport historique ou littéraire, le déficit est encore plus considérable, et, sauf quelques articles contenus dans la liasse supplémentaire remise ce matin, on peut affirmer que presque tous ces documents isolés et les ouvrages historiques ou littéraires qui sont expressément énumérés dans le catalogue sommaire de M. Tiran, manquent dans la portion de la collection remise à la Bibliothèque. Il nous suffira d'indiquer, parmi les articles importants qui manquent, la traduction en langue romane du Midi des *Triomphes de Pétrarque*, les *OEuvres du troubadour Faber* dans le même idiome; un ouvrage *imprimé* en 1492 à Valladolid; plusieurs histoires manuscrites relatives aux rois et aux provinces d'Espagne; les lettres du cardinal Alberoni, etc., etc. : en un mot, il y a déficit des documents que la Bibliothèque a le plus expressément achetés, et qui ont servi de base à l'appréciation de la valeur de la collection entière, puisqu'ils étaient expressément décrits dans le catalogue sommaire de M. Tiran.

« Il résulte de ce qui vient d'être exposé que la Bibliothèque n'ayant pas reçu la totalité de la collection qu'elle a achetée, elle ne peut pas en payer le prix convenu, et le marché conclu ne peut être réalisé, ce qui a été remis à la Bibliothèque étant d'un intérêt presque nul. »

Les *Triomphes de Pétrarque*, les *OEuvres du troubadour Faber*, le *livre de* 1492, et autres ouvrages du même ordre, avaient-ils été confondus avec les documents politiques indiqués par M. Tiran, ou retenus comme documents politiques eux-mêmes? je ne sais : toujours est-il que la conclusion du rapporteur fut adoptée par le Conservatoire. Des pourparlers s'ensuivirent; à la fin, par égard pour la situation difficile et intéressante où se trouvait M. Tiran en Espagne, les conservateurs, avec moi, consentaient à donner 500 francs, qui ne furent pas acceptés.

Cependant une nouvelle surprise pour la Bibliothèque s'expédiait, d'Espagne à Paris, en quatre caisses. Elles descendirent, d'abord, chez M. Feuillet; elles l'embarrassaient. De mon côté, l'expérience me rendait timide, je n'aurais rien voulu recevoir qu'à bon escient. M. Feuillet trancha la difficulté un peu cavalièrement, un peu brusquement : les caisses entrèrent un matin à l'improviste; mais il vint s'en excuser aussitôt, dans la journée, d'une façon fort galante, verbalement, et je consentis, pour mon malheur, à garder dans nos murs la fatale machine que Sinon y avait introduite, comment? c'est ce que je racontais à M. Tiran lui-même, dans une lettre du 28 août 1845, en lui donnant le détail de nos tristes découvertes à l'ouverture des caisses :

« Monsieur,

« J'aurais répondu depuis longtemps à votre lettre du 25 juillet dernier, si des occupations universitaires, etc.....

« Les livres enfermés dans les caisses que M. Feuillet de Conches a fait déposer à la Bibliothèque ont été, après que je m'en fus entendu avec lui, collationnés dans le plus grand détail, avec le plus grand soin, et avec une équité qui tendait à incliner plutôt du côté de la faveur que de tout autre.

« Vous vous étonnez que nous n'acceptions pas la totalité de ces livres, et que nous en ayons choisi quelques-uns de très-peu d'importance, lorsque nous en écartons d'autres qui vous semblent précieux.

« L'explication est facile : nous prenons ce qui nous manque et ce qu'il est utile d'acquérir ; nous n'acquérons pas les livres que nous ne devons pas acquérir, soit parce que la condition en est très-mauvaise, soit parce que nous les possédons déjà, soit, enfin, parce que nous en avons de bonnes éditions qui rendent les vôtres tout à fait superflues.

. . . .

« Je dois maintenant ajouter quelques observations que l'honneur de l'administration exige.

« Les caisses n'ont pas été annoncées ; elles sont entrées un matin, avant neuf heures, à l'improviste, et ont été remises à un homme de service, sans autre avis que ces mots écrits sur un chiffon de papier : « Rue de Richelieu, M. le directeur de la Bibliothèque royale, de la part de M. Feuillet de Conches. » Ensuite, M. Feuillet est venu lui-même dans la matinée, et je n'ai consenti à garder les caisses qu'à condition que la Bibliothèque ne serait nullement responsable du contenu.

« Vous dites qu'une double confrontation des livres avait été faite avant le dépôt à la Bibliothèque ; je l'ignore ; mais je puis affirmer que les livres étaient dans une grande confusion ; que les volumes d'un même ouvrage étaient dispersés en plusieurs caisses différentes ; qu'il a fallu un très-grand travail pour remettre le tout en ordre, en formant des séries de numéros pour les divers catalogues.

« Il manque fort peu d'ouvrages, et il s'en trouve d'autres dont les catalogues ne font pas mention.

« Cela doit vous prouver, monsieur, que l'examen n'a été ni aussi rapide, ni aussi superficiel que vous le pensez.

« Je tiens encore à justifier l'administration du reproche d'avoir pris des engagements auxquels elle ne satisferait pas. Les encouragements que vous avait donnés M. Villemain ne pouvaient pas équivaloir à un plein pouvoir d'acheter particulièrement pour le compte de la Bibliothèque, et vous devez vous rappeler que j'eus l'honneur de vous écrire, le 1er août 1841, que le Conservatoire, en acceptant vos offres de services, ne pouvait donner d'autorisation générale ni prendre d'engagement éventuel, et qu'il devait être bien entendu que la Bibliothèque royale n'achetait aucun livre, ni aucun manuscrit sans en connaître le titre, la condition, le prix.

« C'est d'après ces règles, auxquelles il ne nous est jamais permis de manquer, que les conservateurs des imprimés et des manuscrits ont arrêté leur proposition pour l'acquisition d'une partie des imprimés et de la totalité des manuscrits déposés dernièrement, de votre part, à la Bibliothèque royale par M. Feuillet.

« Agréez, etc. »

M. Feuillet, qui s'intéressait à cette affaire comme si elle eût été la sienne, me pressait d'acheter, d'acheter beaucoup, d'acheter le tout. Mais dans les notes du savant conservateur adjoint, M. Dubeux, également versé dans la connaissance des langues orientales et des littératures espagnole et portugaise, et qui avait rangé, vérifié, apprécié, volume à volume, le contenu des caisses, mon collègue M. Magnin et moi, nous lisions à tel et tel article : « Incomplet, rogné jusqu'au texte et raccommodé ; — mouillé, raccommodé et très-rogné; — mouillé, taché, déchiré, raccommodé ; — piqué, taché, incomplet; — très-mal conditionné; — criblé de piqûres, tombe en poussière. » Cela nous disposait très-médiocrement à l'acquisition. Mais M. Feuillet ne se décourageait pas; il me cajolait, me patelinait par amitié pour M. Tiran. Voyez comme il était insinuant :

« Monsieur,

« J'ai attendu, samedi dernier, la liste que vous m'aviez fait l'honneur de me promettre pour M. Tiran, à qui je l'ai annoncée à Simancas.... Vous m'obligeriez donc, monsieur, de donner des ordres pour qu'elle me fût expédiée à temps. Permettez-moi de compter, en cette occasion, sur votre bonne grâce accoutumée.

« ....Ce n'est point un marchand de profession; ce n'est pas davantage un spéculateur sans patente. Son seul et unique but a été de servir les intérêts de la Bibliothèque. J'aurais été bien heureux si vos vues d'administrateur avaient pu être d'accord avec les siennes, et si, d'un coup, vous aviez pu, tout en servant la Bibliothèque royale, le récompenser de son zèle en prenant le tout.

« ....Tiran a beaucoup couru pour se procurer ce que vous avez vu ; car le bon, si rare partout, est plus rare encore en Espagne. Ne vous étonnez point du travail des vers sur les livres espagnols : on ne choisit point au delà des Pyrénées. L'hidalgo est peu soigneux ; il ne lit plus. Les vers seuls lisent, et aussi les étrangers. Or, monsieur, vous me proposez d'en prendre pour 400 fr. C'est écrémer pour une somme bien minime....

« Agréez, monsieur, mes nouveaux hommages.

« Feuillet de Conches.

« Le 18 juillet 1845. »

Il nous fut impossible de dépasser la somme de 420 fr. M. Tiran, encore absent, accepta, non sans se plaindre de notre dédain pour les raretés d'Espagne.

Mais le résidu des quatre caisses continuait à s'étaler dans les salles qu'il avait envahies. J'implorai la pitié de M. Feuillet pour qu'il délivrât la Bibliothèque de cette poudre vermineuse, de ce fléau qui menaçait de l'empester. Il m'amusa, durant plusieurs mois, de promesses vaines, et finit par demeurer sourd à toutes mes instances. J'aurais pu me croire autorisé moralement à mettre les caisses dehors ; mais j'exposais la Bibliothèque à un retour de chicane, qui l'eût peut-être forcée de payer ce qu'elle n'avait pas voulu acheter. En cette extrémité, à qui avoir recours ; si ce n'est à justice ? Me Guérin fut notre défenseur, qu'il soit notre historien :

« Paris, 21 juillet 1846.

« Monsieur,

« .....M. Feuillet est venu se défendre lui-même, et, en réponse à mon exposé fort simple, il s'est livré à de longues et vives récriminations.

« Il a soutenu d'abord qu'il n'était pour rien dans l'envoi des livres qu'avait reçus la Bibliothèque ; il a osé prétendre que ce n'était pas lui qui avait envoyé les caisses ; et quand, pour le démentir, je lui ai lu ses lettres, il a voulu expliquer qu'il n'avait fait, dans tout cela, que représenter M. Tiran, et il a donné lecture d'un grand nombre de lettres du ministère de l'Intérieur et de celui de l'Instruction publique par lesquelles on lui donnait mission de rechercher et envoyer des livres précieux et des manuscrits à la Bibliothèque royale.

« Enfin, il a fini en disant que, s'il y avait difficulté, c'est que vous n'aviez pas offert à M. Tiran un prix suffisant de ces livres, et il a demandé que vous soyez tenu de garder le tout, sauf à compter plus tard du prix avec M. Tiran, lorsqu'il serait de retour, ajoutant qu'il lui était impossible de savoir quels étaient les livres que vous aviez pris.

« M. Collette, juge, tenant l'audience en l'absence de M. Debelleyme, président, a fini, après avoir longtemps délibéré, par donner acte à M. Feuillet de Conches de sa déclaration, qu'il entendait rester étranger à l'affaire, et n'aurait agi que pour M. Tiran.

« Il vous a ensuite autorisé à remettre les caisses dans tel endroit qui sera désigné par l'ordonnance, aux risques et périls de qui, en définitive, il appartiendra.

« Il m'a prié de m'entendre avec vous sur le choix d'un endroit pour faire ce dépôt, parce qu'il n'en connaît pas.

« J'ai l'honneur, etc.

« René Guérin,
« Avoué de 1re instance. »

M. Feuillet a vu le juge hausser les épaules, je veux le croire; il y était, je n'y étais pas. Au cas que le juge, sortant de sa gravité ordinaire, ait haussé les épaules, ce ne pouvait pas être, à coup sûr, pour les absents. M. Feuillet, qui n'avait rien de commun avec les caisses, ne les perdait pas de vue cependant; l'infatigable M. Feuillet, qui mêle toujours les ministères et les correspondances ministérielles à ses affaires, n'était pas rentré chez lui pour se reposer au sortir de l'audience. Je reçus, le 23 juillet, ce billet du secrétaire du cabinet du ministre de l'Instruction publique :

« Monsieur le directeur,

« Je viens de la Bibliothèque, où M. Dumon (1) m'avait chargé d'avoir l'honneur de vous voir, pour vous entretenir des livres appartenant à M. Tiran. M. le ministre, informé du jugement qui vous autorise à faire transporter ces livres hors de la Bibliothèque, m'a chargé de vous exprimer le désir que vous voulussiez bien les conserver jusqu'au retour de M. Tiran, ou, si vous ne croyez pas

(1) Tenant alors le portefeuille *par intérim*.

le pouvoir, les adresser au ministère de l'Instruction publique, où l'on cherchera quelque local pour les y déposer.

« Veuillez agréer, etc.

« Félix Ravaisson. »

Si la honte d'un procédé blâmable et le mauvais dénoûment d'une méchante affaire engendrent la haine au cœur contre ceux envers qui l'on a tort, lequel de nous sera suspect d'animosité ?

Quant à la lettre qu'il écrivit à M. Chaix-d'Est-Ange, le 2 janvier 1846, à l'occasion du procès pour l'autographe de Molière, lettre communiquée à M. Libri en 1849, elle était si douce et si obligeante pour moi, qu'il faudrait avoir l'esprit plus mal fait encore qu'il ne me le suppose pour en être offensé (1). M. Feuillet le voit donc bien : il n'y a pas de haine personnelle, il n'y en peut pas avoir de moi à lui. La haine ne va pas avec le sentiment qu'il m'inspire et qu'il mérite si bien, et qui lui est assez généralement acquis. Je le combats, mais je suis forcé de le combattre comme ennemi de la Bibliothèque nationale, un ennemi des plus dangereux, et par les pertes qu'il lui cause, et par les accroissements qu'il voudrait lui faire subir.

Ce n'est pas assez à M. Feuillet de me reprocher mes rancunes; il a découvert encore que la rage de l'envie m'excitait à lui nuire (2). Je lui envie ses collections. En vérité, il a une verve d'inventions odieuses qui va jusqu'à la démence. Moi, lui envier ses collections ! Mais je ne pourrais pas les lire, il le sait bien (3). Moi, lui envier des possessions telles que les siennes ! Il faudrait ne pas tant différer avec lui d'opinion et de sentiment sur le droit de possession en général. Moi, l'envieux de M. Feuillet de Conches ! Un envieux regarde au-dessus de lui les hommes qu'il envie; à quel degré d'abjection M. Feuillet prétend-il me faire descendre ?

Venons à un des principaux griefs, peut-être le grief le plus sensible de M. Feuillet. La blessure est, en effet, très-réelle, très-

(1) « Je connais la plupart des conservateurs ; je n'ai jamais eu qu'à me louer de la bonne grâce avec laquelle ils m'ont ouvert leur dépôt.... M. Naudet, particulièrement, a été pour moi, dans tous les temps, la bonté même..... Je ne crois pas manquer aux sentiments de gratitude que je dois à la bienveillance de ces savants.... » (Page 258 de la *Lettre à M. de Falloux*, par G. Libri.)

(2) « Mes collections ont trop été montrées par moi à tout venant, et trop citées pour ne pas allumer la jalousie des délateurs, » p. 130, 131. — « Pour les menus plaisirs de quelques pédants, envieux ou ambitieux, à tout le moins vindicatifs, » p. 134.

(3) « Il naquit, pour ainsi dire, avec l'antipathie des livres. Il ne les connaît, ni ne veut les connaître.... Comme il me le disait naguère, il n'a jamais pu lire Rabelais. » (P. 124.)

profonde, et si profonde qu'elle le laissera incurable, et qu'il ne verra plus pour lui personne, sitôt que tout ce tumulte de récriminations divagantes à dessein, de défenses offensives, de justifications qui ne justifient rien, sera tombé, et que la vérité aura dissipé le nuage d'où partent les cris de MM. Feuillet et consorts.

Abaisserai-je l'administration de la Bibliothèque nationale jusqu'à la défendre de l'inculpation d'avoir répandu, pendant une instruction judiciaire, le bruit que M. Feuillet de Conches était en fuite? Ce sont petites inventions à l'usage de ceux qui veulent se donner pour victimes (1); quoique les victimes de l'espèce de M. Feuillet ne soient pas pourtant si abandonnées que le procureur de la République (c'est M. Feuillet qui me l'apprend) n'ait été obligé de référer au garde des sceaux, et celui-ci au ministre des Affaires étrangères (2). Quant au mensonge de la fuite de M. Feuillet, quel infâme ou quel sot se serait enferré soi-même dans un conte si absurde? Est-ce que tout le monde ne savait pas que M. Feuillet, selon sa coutume, voyageait aux frais du Gouvernement et au profit de ses collections (3)? Il était si aisé, d'ailleurs, comme le dit M. Feuillet lui-même, *de vérifier la chose à l'hôtel des Capucines* (4). La ruse eût été, comme l'avoue encore M. Feuillet, par trop *naïve* (5). Mais, à défaut d'arguments vrais pour se défendre, quand on feint d'être attaqué, on peut prêter, par supposition, des mensonges à ses adversaires, comme on prête des filles à Picardet : graine de préventions odieuses, bonne à jeter dans le semoir de ses affidés, et jusque dans les plis d'une robe de magistrat, quand on a dans ses amis (c'est lui-même qui s'en vante) (6) des magistrats assez crédules pour se charger de secouer cette semence, et de la faire germer par leurs discours et leurs démarches.

Le 29 octobre 1850, je dénonçai à M. le procureur de la République une vente d'autographes de l'année 1847, dans laquelle avaient passé plusieurs pièces, depuis peu reconnues pour avoir été enlevées à des recueils de la Bibliothèque.

(1) Voy. plus haut, p. 3.
(2) Page 133.
(3) Chez les Romains, lorsque des hommes puissants avaient une affaire personnelle à suivre dans une province, ils se faisaient donner une mission honoraire (on appelait cela *legatio libera*), et ils voyageaient aux dépens des provinciaux. M. Feuillet de Conches est le Romain du ministère des Affaires étrangères.
(4) Pamphlet, p. 134.
(5) *Ibid.*
(6) « Ce bourbonnement, dont une coterie et quelques oisifs de la grande ville s'étaient faits les échos, parvinrent aux oreilles de plusieurs magistrats élevés de mes amis. Dans leur indignation, ils se rendirent spontanément auprès du procureur de la République.... » (P. 135.)

M. Feuillet me demande pourquoi, si ce n'est rancune, vengeance ou ambition, je m'avise si tard de réclamer contre une vente dont le catalogue m'avait été envoyé dans le temps à moi-même (1). C'est qu'en 1847, n'avaient pas encore éclaté les avertissements, les révélations du fameux procès de 1848; c'est que les trois estimables jeunes gens que M. Feuillet insulte sans les nommer, et que je nomme ici par justice, et pour leur honneur, MM. Lalanne, Bordier, Bourquelot, que je ne connaissais pas alors, et qui ne dépendent en aucune façon de la Bibliothèque, comme le dit faussement M. Feuillet, ces délégués incorruptibles autant qu'infatigables de l'autorité judiciaire, n'avaient pas encore mis la main, en 1847, à leur travail herculéen (2), vraiment herculéen, puisqu'il est entrepris pour retirer de l'antre des Géryon et des Cacus de la *bibliophilie* et de l'*autographophilie* les dépouilles des pauvres bibliothèques, tout en sachant néanmoins respecter les goûts et comprendre même les manies des amateurs honnêtes : car il y en a plus d'un, nous nous plaisons à le reconnaître, quoi qu'en dise M. Feuillet, il y en a de semblables à celui qui, dans l'instruction, est venu déposer volontairement un autographe de 1847, lequel nous sera rendu, je l'espère. Pourquoi je réclame en 1850 seulement, me demande M. Feuillet. C'est qu'en 1847, quand j'allais à la recherche de la vérité, je ne trouvais que ténèbres et obstacles au département des manuscrits, et que j'y trouve aujourd'hui lumière, secours, et, ce qu'il déteste à la mort, ce qu'il exterminerait par ses délations, s'il ne tenait qu'à lui, probité courageuse.

Instruit par MM. Lalanne et Bordier, je priais M. le procureur de la République de conduire l'administration de la Bibliothèque, par le canal du libraire et du commissaire-priseur, à des découvertes dans l'intérêt de la morale publique et de la propriété de l'Etat. M. Feuillet appelle cela ma *plainte contre inconnu* (3). L'inconnu ne m'était pas à la vérité tout à fait inconnu. Mais de son nom, qui n'était point imprimé sur le catalogue de vente, je n'avais pu acquérir la connaissance officielle; je l'acquis, lorsque M. le juge d'instruction m'ayant appelé dans son cabinet, me dit de lui-même et tout d'abord : « C'est M. Feuillet de Conches qui a fait la vente (4). » Il me sembla que les pièces à conviction que je

(1) Page 137.

(2) Ils ont dépouillé tous les catalogues des ventes d'autographes depuis 20 ans; ils ont fait le recolement des collections lacérées, spoliées, et ils suivent ainsi les vols à la trace.

(3) Page 134.

(4) Cela est consigné dans ma réponse à M. Legonidec.

produisis alors, faisaient impression sur l'esprit de M. le juge, et l'on verra tout à l'heure qu'elles étaient de nature à l'émouvoir. Plus d'une descente de justice fut faite sur des indices moins positifs, moins impérieux.

Personne n'avait l'intention d'envahir par violence le domicile d'un absent (1), de chasser du foyer domestique une femme, une jeune fille éplorée, comme M. Feuillet le déclame (2); encore moins d'enlever ses papiers et ses collections, et de *pouvoir à plaisir, prendre, ôter, remettre* (3), plainte renouvelée de M. Libri (4). Quelle est donc cette insolence envers la magistrature, de sembler dire qu'elle ne peut entrer dans une maison pour exercer un ministère d'ordre et de légalité, sans qu'à sa suite et sous sa protection s'introduisent des gens prêts à tout saccager, à tout falsifier? Non, il ne s'agissait point d'autre chose que d'apposer sept ou huit cachets sur les collections de M. Feuillet de Conches, et d'attendre son retour, laissant sa famille très-paisible chez elle.

A Dieu ne plaise que j'aie la témérité de sonder les secrets de la pensée de M. le juge d'instruction et de M. le procureur de la République. Je ne sais et ne veux savoir que ce que M. Feuillet m'apprend, sauf les additions de sa fantaisie; on sait comme elle est vive à poétiser. Il fallait pourtant, M. Feuillet lui-même ne saurait le nier, il fallait bien qu'il y eût matière de soupçon et forte raison de prendre une mesure grave, pour que M. le procureur de la République *eût à rendre compte de l'incident au garde des sceaux d'alors,* et que celui-ci *voulût en conférer avec son collègue du ministère des affaires étrangères* (5). Est-ce que M. le procureur de la République est dans l'usage de consulter les ministres pour renoncer à un moyen d'enquête, quand il est persuadé d'avance que l'enquête ne ferait rien découvrir? D'où lui serait venu le doute seulement et le besoin de consulter pour savoir s'il devait faire ce que ni partie civile, ni plaignant au criminel n'avaient requis formellement? M. Feuillet ne s'aperçoit pas que s'il a lieu de se féliciter d'avoir échappé à la main-mise de la justice, il a tort pour lui-même d'en faire tant de fracas, et que *l'incident* qui tint la magistrature en suspens n'est pas à beaucoup près une glorification pour lui.

M. Feuillet crie contre moi anathème, et feint de me poursuivre

(1) Page 131.
(2) Page 135.
(3) Page 130.
(4) *Lettre à M. de Falloux.*
(5) Page 133.

de ses cris, comme si je fuyais par un désaveu (1). Je ne fais jamais rien que j'aie à désavouer. Oui, monsieur Feuillet, s'il n'avait fallu qu'engager ma responsabilité pour qu'on épuisât les moyens légaux de recherches dans l'intérêt de la Bibliothèque et pour la manifestation de la vérité, j'étais prêt à l'engager; et je suis si éloigné de m'en repentir ou d'en être honteux, que ma résolution serait encore la même, si nous pouvions nous replacer dans les mêmes conditions.

Je démontrais alors, comme je puis le démontrer encore mieux aujourd'hui, que plusieurs articles du catalogue de la vente faite en 1847 par commission de M. Feuillet de Conches étaient signalés et reconnus comme des autographes ayant appartenu à la Bibliothèque nationale, et qu'ils avaient été enlevés de volumes empruntés par lui à domicile.

Il affirme que ces volumes furent prêtés, depuis, à d'autres. Non, le registre du prêt le dément, pour la plupart.

Il prétend, de plus, que j'ai soigneusement évité de faire entendre quelques *titulaires*, hommes spéciaux, personnellement chargés de lui remettre les manuscrits, de les vérifier au départ, de les vérifier au retour (2). Il a pu les faire appeler : que peut valoir leur témoignage, s'ils disent, eux qui ont manqué à leur devoir et violé le règlement pour lui prêter des centaines de volumes d'autographes, qu'ils ont pris le soin, après cela, de collationner avec exactitude les volumes au retour?

De même force est cette apologie qui ne veut pas qu'on laisse seulement errer un soupçon sur un homme qui se flatte d'avoir, par ses *diligences*, ses avis et ses démarches, procuré la restitution de deux autographes à la Bibliothèque (3). Si « un ancien conseiller d'État, des amis de M. Feuillet, apprenant que, dans son cabinet mis en vente, deux pièces avaient été enlevées à la Bibliothèque, en fit sur-le-champ et de bonne grâce présent au cabinet des manuscrits » (*présent* est heureux!), c'est à M. Feuillet qu'on le doit, et il le prouve par une lettre de l'ancien conseiller d'État, par une lettre d'un des titulaires cités plus haut, par le récit du libraire Laverdet. Il avait engagé ce libraire, dans les jours qui précédaient la vente, à rendre la pièce, qu'il reconnaissait, à un signe de la main de M. Paulin Paris, pour avoir appartenu à un volume où elle manquait lorsqu'on le lui prêta. M. Feuillet avait

(1) « Mes renseignements viennent de source certaine, et la plus élevée. » (P. 131.)
(2) Pages 142, 151.
(3) Pages 112, 158.

bien ses raisons pour qu'on ne fît pas de bruit à l'occasion de cet autographe : la note de M. Paris (1) ! Malheureusement, M. Laverdet ne l'avait pas écouté; car il ne prévint pas la réclamation de la Bibliothèque. M. Bazin, auteur de l'*Histoire de Louis XIII* (mort), qu'il avait chargé d'avertir M. Paris (2), ne s'était pas acquitté de la commission, ou M. Paris n'avait point averti M. Hauréau, comme on l'a dit à l'audience. Que d'intermédiaires et de détours, au lieu d'aller droit au but ! Tous ces avertissements n'ayant point abouti, comme on le pense bien, le matin même de la vente, pas avant, un autre que ces messieurs avertit l'administrateur de la Bibliothèque nationale, qui envoya mettre opposition « avec des façons de gendarme, » dit M. Feuillet dans un récit arrangé à sa manière (3). Autre part, il se plaint de « la douane de la Bibliothèque (4). » On sait quelle espèce de gens médisent des douaniers et des gendarmes (5). Et, pour le *Gabriel Naudé*, qu'il assure ne valoir pas plus d'un écu (6), par excès de modestie ; car la pièce vaut trente fois davantage, ne serait-ce que par le travail exquis de sophistication dont il l'a embellie (7), chef-d'œuvre du genre ! Ce *Gabriel Naudé*, qu'il connaissait si bien pour l'avoir vu dans un volume emporté chez lui en 1838, puis pour l'avoir vu vendre par l'*Alliance des arts* (avril 1844) (8) puis pour l'avoir revendu lui-même en 1847, pourquoi, lorsque le libraire Techener le mit en vente (1849), n'alla-t-il pas aussi avertir ce libraire, qui aurait composé « *tout bonnement* (9), » si on avait voulu l'en prier. La Bibliothèque a eu tort, dites-vous, d'arrêter la vente pour en

(1) Voy. plus haut, p. 30.
(2) Note au bas des pages 112 et 113.
(3) Page 113.
(4) Page 6.
(5) M. Feuillet verra si je prends cette qualification pour une injure, au cas qu'il veuille jeter les yeux sur ce passage d'un mémoire que l'Académie des sciences morales et politiques m'a fait l'honneur d'admettre dans son recueil, tome VI : « La gendarmerie, telle qu'elle existe en France, cette milice de paix, morigénée autant qu'intrépide, vivant de la vie des populations, dont ses armes font la sécurité, n'usant de la force qu'au nom de la loi et par le commandement du magistrat, ne pouvait s'organiser que sous l'influence de la civilisation moderne.

« Un soldat romain n'aurait pas compris la vertu de cet héroïsme vulgaire et journalier chez le garde municipal et le gendarme, qui respecte le citoyen paisible, sur qui et pour qui il veille, arrête le criminel sans animosité hostile, essuie son feu ou affronte son poignard sans le frapper, et, s'il n'est pas mis hors de combat, saisit l'assassin bravement et de sang froid, et l'amène devant la justice sans autre violence que la contrainte légale. »
(6) Pages 114, 141.
(7) Voy. plus haut, p. 34.
(8) Pages 113, 114.
(9) Page 114.

venir à la démonstration de son droit de propriété ; droit incontestable, quoique, selon M. Feuillet, « il se soit trouvé devant le juge d'instruction, M. Hatton, que la pièce avait fait partie d'un volume donné en présent à M. de Châteaugiron (mort) par le président Agier (mort) (1) ; » ce qui porta dans l'esprit du juge une conviction telle.... qu'il rendit la pièce à la Bibliothèque nationale. Pour ce fait, M. Feuillet prend le juge à partie (2). Je crois pouvoir sans ingratitude me dispenser de défendre M. Hatton contre M. Feuillet.

J'arrive à la vente de 1847, bonne œuvre, comme chacun sait, de la piété de M. Feuillet (3), et pour laquelle il cacha son nom, comme doivent faire les auteurs de bonnes œuvres. Il le cachait encore, et pour cause, dans la partie de son pamphlet, qui forma le premier factum distribué secrètement aux juges (4). Dans la seconde partie du pamphlet, qui s'intitulait *post-scriptum* (p. 129-156), échappé de l'instruction judiciaire, il lève le masque alors, et s'avoue le patron de la vente. C'est pour son *pauvre ami de Châteaugiron* (5) qu'il a vendu; il a fait « *restaurer, rhabiller* les pièces qui n'étaient pas en très-bon état (6) : (le *Gabriel Naudé*, par exemple); *il y a joint quelques pièces de grande curiosité historique pour rehausser la vente* (7) ; » *quelques pièces*, qui formaient à tout le moins la dixième partie; *pour rehausser* quoi? *la collection si riche de M. le marquis de Châteaugiron* (8) !

Il ne peut pas nier, il ne nie pas que « toutes les pièces composant la vente ont passé sous ses yeux (9) ; » il condescend même jusqu'à dire que « s'il avait le loisir de passer une à une en revue les dix ou douze pièces que la Bibliothèque nationale a revendiquées dans la vente Châteaugiron.... peut-être arriverait-il à ébranler sur ses prétentions le cabinet des manuscrits. » *Peut-être!* voilà qui commence à être plus raisonnable, et lorsqu'il « ne veut, dans tous les cas, accepter, au sujet de la provenance des pièces, les dires de M. Hauréau que sous bénéfice d'inventaire, » nous ne demandons pas autre chose, pourvu qu'on examine l'inventaire

(1) Page 114.
(2) Page 140.
(3) Voy. plus haut, p. 34.
(4) « Cité à son tour, le libraire Charavay nomme la *personne* qui l'en a chargé. Enfin *celle-ci* étant appelée, il se trouva que les autographes vendus étaient extraits pour les neuf dixièmes de la collection si riche du marquis de Châteaugiron. » (P. 114.)
(5) Note de la page 137.
(6) *Ibid.*
(7) *Ibid.*
(8) Voir ci-dessus, note 4.
(9) Page 141.

contradictoirement. Il aura pleine satisfaction alors, et il demeurera convaincu, à n'en pouvoir douter, que toutes les pièces de la vente de 1847 signalées par nous ont été volées à la Bibliothèque nationale; et nous ne pourrons pas lui concéder que l'absence « d'estampille, cote, ou pagination spéciale propre à soulever des scrupules, » prouve que le vendeur, non pas M. de Châteaugiron, mais M. Feuillet, a été de bonne foi.

Comment! monsieur Feuillet, vous « qui, depuis trente-quatre ans, vous plaisez aux choses de collections et d'autographes (1), » et particulièrement aux choses de la Bibliothèque nationale depuis bientôt treize ans, l'extrait des registres du prêt en témoigne assez tristement (2) ; vous qui, avant 1847, aviez tenu chez vous, pendant des semaines entières, tous les volumes d'où ces pièces ont été enlevées par des coupeurs d'autographes, pires que des coupeurs de bourses ; vous qui aviez feuilleté à loisir ces volumes avec tant d'autres pareils, il n'y avait pas plus de neuf ans, huit ans, et pour quelques-uns quatre ans, non pas dix, quinze et vingt ans, comme vous dites (3); vous qui connaissiez si parfaitement la physionomie de ces autographes, quand ils passent sous vos yeux et par vos mains pour la préparation de la vente, il ne vous revient à l'esprit aucun souvenir! il ne s'élève aucun doute en votre conscience! vous n'êtes pris d'aucun scrupule! Vous qui avertissez si obligeamment les possesseurs d'un ou deux autographes arrêtés dans les ventes, vous ne vous avertissez pas vous-même au moment d'en vendre dix ou douze, sans compter ceux qu'on pourra découvrir encore! Le département vous est tout ouvert (en 1847), et vous ne songez pas à venir prendre vos sûretés avec votre for intérieur, et tout au moins avec la justice, qui pourra vous demander des comptes! Mais, quoi! vous n'avez ni scrupules ni doutes.

Après cela, déclamez tant qu'il vous plaira contre « les conservateurs payés pour conserver, et qui ne conservent pas, et laissent dépouiller l'État, » et contre « tout ce que l'incurie des préposés pourrait avoir amené de soustractions (4), » sans réfléchir que vos coups portent sur votre bataillon sacré et sur le coryphée de vos témoins à décharge, préposé spécialement à la garde des manuscrits français, et non pas sur les conservateurs qui sont entrés à la Bibliothèque longtemps après les méfaits consommés, et qui tâ-

(1) Page 56.
(2) Voir le numéro C des *Pièces justificatives*.
(3) Page 142.
(4) Page 151.

chent de réparer le mal; efforcez-vous d'égarer l'intelligence de vos lecteurs dans les tortuosités de vos sophismes, et de les aveugler sur l'impudence de tant de fables en les éblouissant d'une fantasmagorie où se mêlent Beaumarchais et Molière, madame Dacier, qui faillit s'empoisonner avec du brouet noir, et La Fontaine, qui me dit que je suis un âne et que je suis un courtisan; la Montagne, qui terrorise, et Louis XIV accusé de vol; mesdames Tastu et Waldor, que vous compromettez là bien gratuitement, et le savant qui lit dans les manuscrits orientaux comme Le Verrier dans le ciel; le démon de Socrate et Marlborough s'en va-t-en-guerre; le Fou d'Athènes et le marquis de Torcy : qu'est-ce que tout ce fouillis prouvera, sinon que, pour notre malheur, nos juges ne l'ont point daigné lire attentivement; car ces esprits éclairés et consciencieux auraient compris tout d'abord qu'un homme de cœur, qui se sent fort de son innocence et de son honnêteté, ne se défend pas ainsi.

M. Feuillet a beau s'écrier d'un air de matamore : « Un souffle, et la torche était éteinte » (il faut convenir, du moins, que lui et ses amis ont terriblement soufflé); il a beau proclamer victorieusement que : « Son retour ayant appelé l'examen, la production de la liste des autographes que Châteaugiron l'avait chargé de faire vendre, et sur laquelle ne manquait *pas une seule* des pièces revendiquées, fit balayer tout l'échafaudage des calomnies (1); » tant qu'il ne produira pas une liste de la propre main ou avec la signature authentique de M. de Châteaugiron, et non d'une autre écriture, fût-elle sur papier à tête du consulat de Nice, ma raison se refusera toujours à reconnaître comme constatée « d'une façon péremptoire, irréfragable, » la provenance de M. de Châteaugiron.

Et, fût-elle prouvée, est-ce que l'instrument volontaire, intelligent, instruit, d'un acte illicite, se justifie en montrant celui qui l'a ordonné sans savoir peut-être ce qu'il faisait (2)? Est-ce que le dol du vendeur peut être couvert par l'auteur de la possession illégitime? M. Feuillet échappe à une poursuite criminelle, grâce à la prescription, soit. Mais je l'accuse au tribunal de la conscience publique d'avoir vendu, dans le mois de mars 1847, soit à son profit, soit pour le compte d'un autre, toujours au préjudice de la Bibliothèque nationale :

1°. Une lettre autographe de Malherbe, qui a été dérobée d'un volume prêté à M. Feuillet, du 21 février au 5 mars 1838;

(1) Page 135.
(2) Page 149.

2°. Une lettre autographe de François de Thou, qui a été dérobée d'un volume prêté à M. Feuillet, depuis le 22 décembre 1837 jusqu'au 12 février 1838, et une seconde fois, du 10 au 17 novembre 1838 ;

3°. Une lettre autographe de Cambden à Peiresc, qui a été dérobée d'un volume prêté à M. Feuillet, du 30 janvier 1838 au 7 février suivant, et auquel manquent neuf pièces ;

4°. Une lettre autographe de Gabriel Naudé, qui a été dérobée d'un volume prêté à M. Feuillet, du 7 au 12 février 1838 (1), et auquel manquent dix-neuf lettres ;

5°. Une lettre autographe de Cujas, qui a été dérobée d'un volume prêté à M. Feuillet, du 30 mai au 8 juillet 1839 ;

6°. Une lettre autographe de Hevelius, qui a été dérobée d'un volume prêté à M. Feuillet, du 5 au 9 mars 1838;

7°. Une lettre autographe de Rubens, qui a été dérobée d'un volume prêté à M. Feuillet, du 7 au 14 février 1839, et auquel manquent quarante-cinq lettres du même personnage;

8°. Une lettre autographe de Saumaise, qui a été dérobée d'un volume prêté à M. Feuillet, du 22 au 28 du même mois, et auquel manquent vingt-sept lettres du même écrivain;

9°. Une lettre autographe de Strozzi, qui a été dérobée d'un volume emprunté par M. Feuillet, du 7 au 29 juin même année, et auquel manquent quinze autres lettres;

10°. Une lettre autographe de Calvin, et 11° une lettre autographe de Viret, qui ont été dérobées d'un volume emprunté par M. Feuillet, du 30 novembre 1840 au 1er mars 1841, puis, une seconde fois, du 25 au 31 août 1843, et auquel manquent neuf lettres de Calvin;

12°. Une lettre autographe de l'historien de Thou, qui a été dérobée d'un volume prêté à M. Feuillet du 7 février 1839 au 14 du même mois et portant des traces de plusieurs autres lacérations.

S'il y a quelque chose dans ma longue carrière dont je m'honore, et dont je sois tenté de m'enorgueillir un peu, c'est la fureur et la virulence des attaques de tous ces ennemis de la Bibliothèque nationale, de tous ces amateurs éhontés du bien de l'Etat et de leurs fauteurs. Je me persuade que j'ai rendu des services de quelque importance, puisque je les ai tant irrités; que j'ai quelque consistance et quelque force, puisqu'ils s'acharnent avec une telle ani-

(1) M. Feuillet prétend que j'ai redemandé cette lettre après l'avoir recouvrée. Non, je ne la redemande pas; je l'ai reprise à une autre vente en 1848. Mais il n'en est pas moins vrai qu'elle avait passé dans celle de 1847.

mosité contre moi. Il est à remarquer que tous ces gens-là ont commencé par me rechercher et me faire d'obligeantes prévenances. Ceux qui publiaient des livres m'en offraient un exemplaire. J'ai dû être flatté aussi de leur correspondance; j'étais « l'illustre, le très-honoré confrère; » on me priait « d'achever ce que j'avais commencé avec tant de mesure et de tact. » M. Feuillet me prenait par « ma grâce accoutumée; » j'avais été « toujours la bonté même, » pour lui personnellement. D'où vient un si grand changement de leur part? En vérité, je ne me crois changé ni au fond, ni dans les formes. Pourquoi les formes ont-elles changé ainsi chez eux? car je me figure que le fond a toujours été le même. Survenant de certaines circonstances, la Bibliothèque placée entre eux et moi nous a faits ennemis. Il fallait passer de leur côté, ou encourir leur inimitié; je me suis résigné au second parti. M. Feuillet a surchargé sa brochure d'un luxe étrange de citations; qu'il me soit permis d'en faire une à mon tour, non certes que l'envie me prenne d'imiter M. Feuillet, j'aurais trop à faire et à me forcer :

. . . .
Peu de gens gardent un trésor
Avec des soins assez fidèles.
Certain chien, qui portoit la pitance au logis,
S'étoit fait un collier du dîner de son maître.
. . . .
Ce chien-ci donc étant de la sorte atourné,
Un mâtin passe, et veut lui prendre le dîné.
Il n'en eut pas toute la joie
Qu'il espéroit d'abord : le chien mit bas la proie
Pour la défendre mieux, n'en étant pas chargé.
Grand combat. D'autres chiens arrivent :
Ils étoient de ceux-là qui vivent
Sur le public, et craignent peu les coups.
Notre chien se voyant trop foible contre eux tous,
Et que la chair couroit un danger manifeste,
Voulut avoir sa part; et lui, sage, il leur dit :
« Point de courroux, messieurs, mon lopin me suffit;
Faites votre profit du reste. »
A ces mots, le premier, il vous happe un morceau.
Et chacun de tirer, le mâtin, la canaille,
A qui mieux mieux; ils firent tous ripaille,
Chacun d'eux eut part au gâteau (1).

(1) La Fontaine, *Fables*, VIII, 7 : *Le Chien qui porte à son cou le dîner de son maître.*

L'Etat, c'est mon maître; qu'il prenne la figure d'une monarchie ou d'une république, n'importe; je garde et je défends son bien. Contre les griffes et les dents de qui veut vivre ou s'enrichir de sa dépouille, mon devoir est de combattre toujours à outrance, très-ferme en ce point, de n'imiter jamais la sagesse des chiens qui partagent avec les *mâtins* et avec la *canaille*, et de ne reculer jamais.

Au reste, je ne crains pas que la Bibliothèque nationale ait désormais des combats bien rudes à livrer pour reprendre à M. Feuillet sa proie. On sait à quoi s'en tenir à présent sur sa loyauté (1), de même que sur la folie de M. Gougel. On connaît la différence d'au-

(1) Cet écrit en expose les preuves, dont voici le sommaire :

1°. Description d'une scène de conspiration du Conservatoire de la Bibliothèque nationale contre M. Feuillet, dans des séances où l'on n'a pas seulement parlé de lui. — Voyez plus haut, p. 2.

2°. Agression de la Bibliothèque, tandis que lui-même la met en demeure et la provoque. — Voyez p. 4-8.

3°. Proposition amiable et spontanée de M. Feuillet, qu'il avoue lui-même avoir faite comme contraint et forcé par la brochure de M. Jubinal. — Voyez p. 6.

4°. Autographe de Montaigne donné à M. Feuillet par Lémontey, tandis que la pièce est copiée à la Bibliothèque par M. Gouget. — Voyez p. 8.

5°. Ignorance de M. Feuillet, pendant seize ans, de l'existence de la *Galerie française*, à laquelle travaillent son ami Campenon et Lémontey, le donateur même de l'autographe, dont cet ouvrage revendique la propriété pour la Bibliothèque. — Voyez p. 9.

6°. Connaissance acquise, en 1837, par M. Feuillet, à ce qu'il dit, de la reclusion de M. Gouget, dans une maison de fous, tandis que M. Gouget exerçait les fonctions de commissaire de police, dont il était encore en possession l'année suivante. — Voyez p. 12.

7°. Récit d'une enquête à la Bibliothèque, afin de constater la légitime possession de son autographe, sans qu'il puisse en justifier par aucun procès-verbal, aucune mention dans les actes du Conservatoire, aucune constatation positive du fait. — Voyez p. 5, 6, 10-12.

8°. Possession d'une lettre de Pasquier, prouvée par une généalogie imaginaire. — Voyez p. 99.

9°. Citation du *Journal de la librairie* démentie par le *Journal* même. — Voyez p. 14, 15.

10°. Altération du texte de M. Gouget pour en tirer une conclusion fausse. — Voyez p. 16, note 1.

11°. Récit de l'affaire Tiran, dont toutes les circonstances, au nombre de six ou sept, sont autant de contre-vérités. — Voyez p. 39-47.

12°. Imputation aux adversaires de M. Feuillet, d'actions qu'ils n'ont point faites, telles que : *Louis XIV accusé de vol*, envoi d'*huissier* à des savants, vente de livres portant des estampilles grattées, propos calomnieux sur une prétendue fuite. — Voyez p. 35-36.

13°. Supposition d'une date précise qui n'existe pas dans une note alléguée en témoignage. — Voyez p. 29-31.

14°. Vente, en 1847, au nom de M. de Châteaugiron, d'autographes provenant de recueils que M. Feuillet avait empruntés à la Bibliothèque nationale, qu'il avait eu le loisir d'examiner chez lui, et qui lui étaient parfaitement connus.

thenticité entre le catalogue par volume des Dupuy, et la table des matières que M. Feuillet appelle *catalogue*. On apprécie à leur valeur les arguties sur les variantes *Montaigne* et *Montagne,* et sur les variétés hypothétiques des personnages appelés Montagne. Quant à l'état matériel de la pièce en litige, nous serons appelés, cette fois, à le discuter contradictoirement avec M. Feuillet en chambre du conseil. Nous nous trouvons donc dans les mêmes ou plutôt dans de meilleures conditions qu'autrefois pour l'autographe de Molière. Beaucoup des juges qui siégeaient alors à la cour royale siégent encore, et les Séguier et les Pécourt ont eu, depuis, de dignes successeurs.

PIÈCES JUSTIFICATIVES.

A.

SOMMAIRES

DES PROCÈS-VERBAUX DU CONSERVATOIRE DE LA BIBLIOTHÈQUE NATIONALE

Du samedi 16 février 1850 au mercredi 27 du même mois.

I.

Séance du 16 février.

1°. Lecture de la correspondance ministérielle;

Transmission d'une demande de M. Penne (ministère des Travaux publics);

2°. Délibération sur une proposition de M. le directeur général des musées nationaux;

3°. Délibération sur la demande de M. Penne;

4°. Explications relatives à quelques passages d'une brochure récente (1).

(1) « Les conservateurs du département des livres imprimés demandent à donner quelques explications relatives à des attaques qui se sont récemment produites contre la Bibliothèque dans une brochure intitulée : *Une lettre inédite de Montaigne*. Comme un refus, qu'ils ont cru devoir faire à l'auteur de cette brochure, a fourni à celui-ci une des armes qu'il a tournées contre l'administration tout entière, ils croient devoir faire connaître à leurs collègues les motifs qui les ont portés à agir comme ils ont fait. Depuis la dernière brochure de M. Libri, et surtout depuis la réponse qu'y a faite M. l'administrateur général, une foule de demandes et de questions captieuses ont été adressées aux conservateurs du département des livres imprimés, dans l'intention évidente, mais le plus souvent trompée, de constater la perte d'ouvrages précieux. Une des personnes engagées dans cette polémique, M. Jubinal, vint récemment demander à M. Magnin l'exemplaire du catalogue de De la Vallière, portant l'indication des acquéreurs et celle des prix de commissions et d'achats, pour une recherche sur un numéro qu'il désigna. M. Magnin, attachant à cet exemplaire un intérêt surtout administratif, crut devoir attermoyer sa réponse. Après en avoir conféré avec son collègue, il fut convenu entre eux qu'ils extrairaient du catalogue le renseignement demandé, mais ne livreraient pas à M. Ju-

II.

Séance du 20 février.

1°. Correspondance ministérielle (ministère de l'Instruction publique);
Réception de procès-verbal;
Autorisation de dépenses;
Ordonnance pour le don d'un exemplaire de l'ouvrage de l'*Expédition d'Égypte*;
2°. Annonce de dons;

binal le volume même, dont on pourrait chercher à abuser. Celui-ci réitéra sa demande à M. Ravenel, avant que l'extrait convenu ait pu être fait, et M. Ravenel lui répondit que le volume n'avait pas encore été trouvé. Cependant, ce volume, placé sur le bureau du conservateur, ayant été remis étourdiment au demandeur par un employé, il en résulta une explication dans laquelle M. Ravenel déclara à M. Jubinal que le refus qu'il venait de lui faire était la suite du parti arrêté de ne point communiquer les documents relatifs à l'administration intérieure de la Bibliothèque, dans un moment où l'établissement était en butte à une guerre aussi déloyale et aussi acharnée. M. Jubinal, qui reconnaît lui-même (p. III) avoir trouvé jusqu'à ce jour dans la Bibliothèque tant de secours pour ses travaux, a pris occasion de cet incident, et d'une expression employée par M. Ravenel, dans laquelle il n'aurait dû voir que l'expression d'un sentiment de loyauté, pour imprimer (p. XIII) que l'administration de la Bibliothèque est décidée à se défendre par tous les moyens, même par le mensonge. Les conservateurs du département des livres imprimés soumettent les motifs de la conduite qu'ils ont tenue, à l'appréciation du Conservatoire.

« M. Hauréau approuve d'autant plus le refus fait à M. Jubinal, que les conservateurs du département des manuscrits, ayant cédé à des demandes semblables, M. Jubinal a abusé, dans sa brochure, des facilités qui lui ont été accordées.

« Un membre pense que, depuis quelque temps, la Bibliothèque, se trouvant en butte à un système incessant de dénigrement et de diffamations, il conviendrait peut-être d'opposer à ce nouveau genre de délit une nouvelle répression, et d'ajouter au règlement quelques articles qui permissent de modifier ou de suspendre les rapports de l'établissement avec les personnes qui n'usent notoirement des facilités qu'elles y trouvent que pour le calomnier.

« M. l'administrateur général croit difficile de rien ajouter d'efficace à l'article 1er du règlement, qui confère aux conservateurs la police de leur département, article dont ils ont déjà usé utilement en certains cas, avec l'appui du Conservatoire et l'approbation du ministre. Mais ce qui ressort surtout, à son avis, du fait cité par les conservateurs du département des livres imprimés, c'est que des communications irrégulières ont été faites à des personnes étrangères, à l'insu ou contre la volonté des conservateurs; c'est un abus que l'article 23 du règlement était destiné à prévenir. Cet article porte : « Les employés ne communiqueront aucun objet que par l'ordre des conservateurs. » Il lui paraît nécessaire de rappeler officiellement les employés de la Bibliothèque à l'exacte observation de cet article.

« Le conservateur adjoint chargé de la direction du catalogue au département des imprimés signale un passage de la brochure de M. Jubinal, d'où il résulterait (si le récit est vrai) qu'un des plus anciens fonctionnaires du département des imprimés, sans ordre des conservateurs, serait venu faire une recherche dans les cartes du catalogue, et en aurait transporté plusieurs dans les salles du haut. Ce déplacement indiscret des instruments de travail du bureau du catalogue jetterait, s'il continuait, la confusion dans les matériaux si laborieusement rassemblés.

« M. l'administrateur général fait observer que le conservateur adjoint, chef du

3°. Approbation des propositions de dépenses, présentées dans la séance précédente ;
4°. Notification d'un emploi de crédit;
5°. Propositions d'acquisitions et de reliures;
6°. Autorisation de communication de livres réservés ;
7°. Autorisation du prêt.

III.

Séance du 27 février.

1°. Correspondance ministérielle;
Réception de procès-verbaux;
Autorisation de dépenses;
Autorisation d'échange;
Don de 48 médailles du Parthénon;
2°. Annonce de dons;
3°. Approbation de propositions de dépenses présentées dans la séance précédente;
4°. Propositions d'acquisitions et de reliures ;
5°. Lettre de M. Feuillet; — Autographe de Montaigne;
6°. Note des conservateurs des manuscrits;
7°. Délibération sur la lettre de M. Feuillet;
8°. Refus du prêt à M. Feuillet;
9°. Commission nommée pour les demandes de prêt;
10°. Autorisation du prêt.

bureau du catalogue, a le devoir de transmettre les renseignements nécessaires au service, et que ce devoir implique le droit d'empêcher toutes personnes étrangères au bureau de s'immiscer dans ces recherches, d'ouvrir les boîtes et armoires où sont renfermées les cartes, et surtout de déplacer ces cartes ou tout autre instrument de travail de ce bureau.

M. Hauréau pense que la brochure dont il s'agit, et dont plus de la moitié est consacrée aux soustractions et mutilations faites dans le département des manuscrits, exige quelques éclaircissements des conservateurs, et lui imposent, à lui en particulier, le devoir de donner au Conservatoire des explications sur plusieurs des faits énoncés par M. Jubinal.

« Les conservateurs des livres imprimés exposent qu'ils ont aussi quelques remarques à faire sur l'écrit en question, notamment sur plusieurs assertions incessamment reproduites, quoique déjà plusieurs fois publiquement démenties par eux.

« Le Conservatoire, après avoir unanimement approuvé la conduite que les conservateurs du département des livres imprimés ont cru devoir tenir envers M. Jubinal, décide que, dans une prochaine séance, les conservateurs des départements des imprimés et des manuscrits feront connaître leurs observations. »

B.

On pourra trouver extraordinaire, dit M. Feuillet (p. 70), que MM. de la Bibliothèque « ne se soient pas donné la peine de prendre conseil de leur *vade-mecum*, le *Journal de la librairie;* ils y eussent vu, année 1820, nº 1932 et suivants, que la totalité du premier volume de la *Galerie française* n'est point une publication de 1821, mais que la première livraison en a paru le 27 mai 1820, *que le* fac-simile *de ma lettre de Montaigne était exécuté dans cette même année*, et que si le titre porte le millésime de 1821, c'est que la publication de la longue introduction de l'ouvrage, remise de jour en jour, n'a été effectuée qu'en cette année, alors même que le second volume était depuis longtemps en cours de publication. Si même le Conservatoire daigne ouvrir le tome II du *Manuel du libraire*, livre qui donnerait de savantes leçons aux catalogueurs de la Bibliothèque, il y verra, p. 354, qu'il arriva pour le troisième volume de cette même *Galerie française* tout juste le contraire de ce qui était arrivé pour le premier : « *quoique daté de* 1823, *ce volume n'a été* « *complété qu'en* 1830. »

Le *Journal de la librairie* consulté répond :

1º. Que le premier volume de la *Galerie française* a paru dans le courant des années 1820 (p. 1-134 des notices), 1821 (p. 135-276), et 1822 (p. I-VIII de l'*Avertissement des éditeurs*, 1-65 de l'*Introduction*, 277-288 des notes);

2º. Qu'il arriva, par conséquent, pour ce volume, non pas *tout juste le contraire* de ce qui devait arriver pour le troisième, *mais absolument la même chose;* car : *quoique daté de* 1821, *ce* premier *volume n'a été complété qu'en* 1822 (7 novembre);

3º. Que M. Feuillet est dans l'erreur lorsqu'il dit que le *fac-simile* de *sa* lettre de Montaigne était exécuté dans cette même année (1820) ;

4º. Que ce *fac-simile* n'a pu être exécuté, comme il n'a été livré, qu'en 1822.

Mais laissons parler le journal lui-même.

Années de la publication.	Indication du volume auquel appartiennent les livraisons.	Numéros d'ordre des livraisons dans chaque volume.	Date du numéro du Journal de la librairie renfermant l'annonce.	Numéros des articles d'annonce.	Nombre des feuilles de texte indiquées dans chaque article.	Pagination dans le volume des feuilles indiquées dans chaque article.	Nombre des portraits indiqués dans chaque article.	Numéros d'ordre des portraits indiqués dans chaque article.	Nombre des *fac-simile* indiqués dans chaque article.	Numéros d'ordre des *fac-simile* indiqués dans chaque article.	NOMS DES PERSONNAGES auxquels sont consacrées les notices.	NOMS DES PERSONNAGES dont les portraits sont contenus dans chaque livraison.	NOMS DES PERSONNAGES dont l'écriture est reproduite en *fac-simile*.
1820.	I.	1.	27 mai.	1932.	2 1/4.	1-18.	4.	I-IV.	2.	I-II.	Louis XII, G. d'Amboise, Cl. Marot, Marguerite de Valois.	Les mêmes que pour les notices.	G. d'Amboise, Marguerite de Valois (A).
		2.	15 juillet.	2580.	4.	19-50.	4.	V-VIII.	2.	III-IV.	François Ier, Jeanne d'Albret, Bayard, Rabelais.	*Id.*	François Ier, Jeanne d'Albret.
		3.	16 sept.	3282.	2 1/2.	51-70.	4.	IX-XII.	1.	V.	Calvin, Franc. de Lorraine, Jodelle, Cujas.	*Id.*	Calvin.
		4.	14 octobre.	3605.	2 1/2.	71-90.	4.	XIII-XVI.	»	»	Rob. Estienne, A. de Montmorency, Ph. Delorme, Amb. Paré.	*Id.*	»
		5.	24 déc.	4767.	5 1/2.	91-134.	4.	XVII-XX.	2.	VII-VIII (B).	G. Budée, M. de Lhopital, G. de Coligny, J. Cousin.	*Id.*	M. de Lhopital, G. de Coligny.
1821.		6.	26 janv. (C).	364.	2 1/4.	135-152.	4.	XXI-XXIV.	1.	IX.	*Montaigne* (C), Amyot, Passerat, Viète.	*Id.*	Amyot.
		7.	23 mars.	1094.	»	»	4.	XXV-XXVIII.	1.	X.	Marie Stuart, Théodore de Bèze, J.-A. de Thou, Charron.	*Id.*	Marie Stuart.
		8.	9 juin.	2277.	»	»	4.	XXIX-XXXII.	1.	X (*sic*).	Oliv. de Serres, Renée de France, Regnier, Bern. Palissy.	*Id.*	Renée de France.
		9.	21 juillet.	2939.	»	»	4 (D).	XXXIII-XXXVI	»	»	Ach. de Harlay, Cath. de Parthenay, Et. Pasquier, Malherbe, de Bérulle (D).	Ach. de Harlay, Cath. de Parthenay, Et. Pasquier, Malherbe (D).	»
		10.	7 sept.	3592.	»	»	4.	XXXVII-XL (F)	1.	XI.	Molé, de Mornay, Jeannin, J. Goujon.	Les mêmes que pour les notices.	Jeannin (E).
	II.	1.	3 nov.	4360.	»	»	3.	»	1.	XII (F).	Henri IV, Sully, Balzac.	*Id.*	Sully (F).
		2.	24 nov.	4828.	»	»	4.	»	»	»	Vincent de Paul, Richelieu, Mme Legras, Fabert.	*Id.*	»
		3.	29 déc.	5441.	»	»	4.	»	»	»	Mazarin, C. de Retz, Mme de Longueville, Mairet.	*Id.*	»
1822.		4.	2 février.	548.	»	»	3 (G).	»	»	»	Voiture, Rotrou, Poussin, Mlle de Scudéry.	*Id.* (G).	»
	I (*Intr.*).	1.	25 février.	993.	»	»	3 (G).	»	»	»	»	Mérovée, Ste-Geneviève, Clovis, Charles Martel (G).	»
	II.	5.	30 mars.	1607.	»	»	4.	»	»	»	Turenne, Condé, A. Arnauld, Descartes.	Les mêmes que pour les notices.	»
	I (*Intr.*).	2.	27 avril.	1980.	»	»	4 (H).	»	»	»	»	Pépin le Bref, Charlemagne, H. Capet, Louis le Gros (H).	»
	I (*Intr.*).	3.	1er juin.	2538.	»	»	5.	»	»	»	»	*Frontispice*, Suger, Philippe-Auguste, Blanche de Castille, Marg. de Provence.	»
	II.	6.	15 juin.	2822.	»	»	4.	»	»	»	Mme de Lafayette, La Rochefoucauld, Cl. Lorrain, Duquesne.	Les mêmes que pour les notices.	»
	II.	7.	17 août.	3702.	»	»	4.	»	»	»	M[illegible]e Deshoulières, Nicole, Riquet, Mezeray.	*Id.*	»
	I (*Intr.*).	4-5.	7 sept.	4123.	»	»	8.	»	8	»	»	Louis IX, Charles V, Duguesclin, Jeanne d'Arc, Charles d'Orléans, Villon, Alain Chartier, Comines.	Marguerite de Valois, Cujas, MONTAIGNE, Cath. de Parthenay, A. de Harlay, Malherbe, et 2 planches supplémentaires (I).

OBSERVATIONS.

(A) Le *fac-simile* de l'écriture de Marguerite de Valois (pl. 2) n'ayant pas satisfait l'éditeur, il en fit refaire un autre qui ne porte pas de numéro (Voyez l'*Avis au relieur*).

(B) La planche du *fac-simile* qui devait porter le nº VI aura sans doute mécontenté l'éditeur. Elle n'a pas été publiée.

(C) C'est le 26 janvier 1821 qu'a paru la livraison de la *Galerie française* contenant la notice sur Montaigne et son portrait. *Autant que possible*, disait l'éditeur (voyez ci-dessus, p. 13, note 1), chaque livraison contiendra le *fac-simile* de l'écriture du personnage représenté. Il n'avait donc pas encore pu, à cette date, se procurer une lettre de Montaigne; M. Feuillet est donc dans l'erreur quand il dit que le *fac-simile* de *sa* lettre était exécuté dès 1820.

(D) Le portrait du cardinal de Bérulle n'a été livré que le 27 avril 1822 (Voy. plus bas, note H).

(E) Le *fac-simile* de l'écriture de Jeannin a été annulé (Voy. l'*Avis au relieur*). L'exemplaire du dépôt légal était incomplet d'un *fac-simile* non numéroté (il n'a que cette indication *Pl.*) reproduisant l'écriture de Duplessis-Mornay.

(F) Un *fac-simile* de l'écriture de Henri IV (ainsi noté *Pl. XI*) manquait à l'exemplaire du dépôt légal : dans la pensée de l'éditeur, il prenait dans l'ordre de publication le nº XI, déjà attribué au *fac-simile* de l'écriture de Jeannin, qui devait être annulé.

Il est important de remarquer qu'après ce nº XII des *fac-simile*, comme après le nº XL des portraits, aucune planche ne porte plus de nº d'ordre. On en doit conclure naturellement que toute planche qui n'a point cette indication est non-seulement d'une *publication*, mais encore d'une *fabrication* postérieure au 7 septembre 1821 pour les portraits, au 3 novembre 1821 pour les *fac-simile*. Une seule exception doit être faite pour le portrait du cardinal de Bérulle (Voy. plus bas, note H), qui porte le nº XXXVI *bis*. Encore faut-il observer que sa place était si bien déterminée que l'on n'avait aucune chance d'erreur à craindre en lui assignant une place aussi précise.

(G) L'un de ces quatre portraits manquait à l'exemplaire du dépôt légal.

(H) Le portrait (pl. XXXVI *bis*) destiné à être placé en regard de la notice qui est consacrée au cardinal de Bérulle (t. I, liv. 9) manquait à l'exemplaire du dépôt légal.

(I) Ces huit planches de *fac-simile* doivent être ainsi réparties dans les livraisons du premier volume : Marguerite de Valois, 1re livr., en remplacement de la planche 2; Cujas, 3e livr.; *Montaigne*, 6e livr.; Catherine de Parthenay, Achille de Harlay et Malherbe, 9e livr.; les 2 planches supplémentaires, 10e livr., après l'article de J. Goujon.

C.

PRÊTS FAITS
A M. FEUILLET DE CONCHES
PAR LE DÉPARTEMENT DES MANUSCRITS.

DATE DU PRÊT.	INDICATION DES VOLUMES PRÊTÉS.	DATE DE LA RENTRÉE.
13 déc. 1837.	Suppl. fr., nº 999, in-fol. Lettres	22 déc. 1837.
22 déc. 1837.	1000, in-fol. Peiresc	12 février 1838.
30 janv. 1838.	1001. } Correspondance de Peiresc	7 février 1838.
Id.	1002. }	
Id.	1003. }	
7 février 1838.	1004. } Correspondance de Peiresc	12 février 1838.
Id.	1005. }	
Id.	1006. }	
Id.	1007. }	
12 février 1838.	920, année 1635. } Lettres du roi Henri IV, de la reine..	16 février 1838.
Id.	920², ann. 1635. } du card. de Joyeuse.	*Id.*
Id.	920³, ann. 1636, 1er v. } de Marillac, de Louis XIII	*Id.*
Id.	920⁴, ann. 1636, 2e v. } de Marie de Bourbon.	21 février 1838.
	920⁵. } du card. de Richelieu	
16 février 1838.		*Id.*
Id.	920⁶. } de Gaston, etc	*Id.*
21 février 1838.	1958. a, b et c. 3 vol. in-4°. Correspondance de Nicaise	1er mars et
Id.	998. Lettres de Malherbe à Peiresc	5 mars 1838.
1er mars 1838.	1958. D'Armand, abbé de la Trappe, etc.	29 déc. 1838.
Id.	971. Correspondance, Boulliau, 7	*Id.*
5 mars 1838.	969¹. } Correspondance de Boulliau	9 mars 1838.
Id.	969². }	
Id.	969³. }	
9 mars 1838.	969⁴. } Correspondance de Boulliau	14 mars 1838.
Id.	969⁵. }	
Id.	970. }	
Id.	972¹. }	
15 mars 1838.	974. } Correspondance de Boulliau	19 mars 1838.
Id.	975. }	
Id.	976. }	
Id.	977. }	
19 mars 1838.	978, t. 16. } Correspondance de Boulliau	4 avril 1838.
Id.	984, t. 23. }	
Id.	980, t. 19. }	
Id.	985, t. 24. }	
Id.	982, t. 20. }	
Id.	986, t. 25. }	
Id.	983, t. 21. }	
Id.	987, t. 26. }	
3 avril 1838.	993, t. 35. *Idem*	4 mai 1838.

DATE DU PRÊT.	INDICATION DES VOLUMES PRÊTÉS.	DATE DE LA RENTRÉE.
3 avril 1838.	990, t. 32. Correspondance de Boulliau....	4 avril 1838.
Id.	988, t. 27. *Idem*....................	*Id.*
Id.	989, t. 31. *Idem*....................	4 mai 1838.
Id.	1946. Lettres, avec les armes de Béthune [Ce volume est intitulé : *Mémoires de Henri III*, et vient de la collection de Béthune]........................	10 nov. 1838.
21 mai 1838.	920¹. Lettres, in-fol..................	1er juin 1838.
1er juin 1838.	Anc. f. fr., n° 9327. Mémoires du règne de Louis XIII, in-fol................	28 juin 1838.
17 oct. 1838.	Suppl. fr., n° 1958⁴. Nicaise. Lettres, in-4°....	17 nov. 1838.
10 nov. 1838.	887¹ (1674 et 1675). Guerre de Messine....	*Id.*
Id.	887² (1676. Originaux des 9 premiers mois).	*Id.*
Id.	1000. Correspondance de Peiresc, 5.......	*Id.*
17 nov. 1838.	999. Correspondance de Peiresc, 2........	26 nov. 1838.
Id.	1001. Correspondance de Peiresc, 4.......	*Id.*
26 nov. 1838.	1134. Lettres autographes...............	4 déc. 1838.
5 février 1839.	Collect. Dupuy, nos 689 et 690, vol. in-fol......	13 février 1839.
7 février 1839.	279, 280, 281, 282.....................	14 février 1839.
Id.	708-710...........................	*Id.*
Id.	714-715...........................	*Id.*
14 février 1839.	495-496...........................	22 février 1839.
22 février 1839.	711-713, 1 vol. in-fol................	28 février 1839.
28 février 1839.	489-490...........................	13 mars 1839.
Id.	vol. 558-559........................	*Id.*
13 mars 1839.	vol. 357-358. (Concile de Trente.).........	10 août 1839.
10 avril 1839.	3, 4, 5. } 2 vol.	27 avril 1839.
Id.	15-16. } 2 vol..........................	
27 avril 1839.	263-264...........................	17 mai 1839.
Id.	347, 348, 349......................	30 avril 1839.
30 avril 1839.	261-262...........................	17 mai 1839.
17 mai 1839.	753-755...........................	28 mai 1839.
Id.	688-690...........................	*Id.*
28 mai 1839.	15-16.............................	7 juin 1839.
Id.	265...............................	*Id.*
30 mai 1839.	699 (Epistolæ clarorum virorum)..........	10 juin 1839.
Id	700 (Lettres françaises de plusieurs grands personnages)......................	8 juillet 1839.
7 juin 1839.	485-486...........................	29 juin 1839.
Id.	571-573...........................	30 août 1839.
10 juin 1839.	616-618...........................	29 juin 1839.
11 juin 1839.	725-726...........................	8 juillet 1839.
29 juin 1839.	476-479...........................	*Id.*
Id.	581-583...........................	*Id.*
8 juillet 1839.	753-755...........................	10 août 1839.
Id.	596-599...........................	13 août 1839.
10 août 1839.	760-762...........................	*Id.*
13 août 1839.	505-506...........................	22 août 1839.
Id.	Ms. fr. anc. f. Baluze, n° 9675 A (ducs de Bourgogne).........................	*Id.*
22 août 1839.	9675 B (ducs de Bourgogne)...............	30 août 1839.
10 février 1840.	Ms. fr. suppl., n° 1710 (cérém. des cardinaux), in-4°.	19 mai 1840.
19 mai 1840.	Collect. Rochepot, Résidu St-Germ., paq. 14, n° 2. (Ambassade de M. Mesnage, 1544-1546, in-fol. pap.........................	2 juin 1840.
Id.	Rés. St-Germ., paq. 15, n° 2 (Ambassade de M. Mesnage), in-fol. pap..............	6 juin 1840.

DATE DU PRÊT.	INDICATION DES VOLUMES PRÊTÉS.	DATE DE LA RENTRÉE.
2 juin 1840.	Paq. 14, n° 1 (Négociations de M. Mesnage), in-fol. pap.	6 juin 1840.
Id.	Paq. 16, n° 7 (Lettres originales, 1420-1500), in-fol. pap.	*Id.*
Id.	Rochepot, paq. 13, n° 4 (Règnes de François Ier et de Henri II), in-fol. pap.	27 juin 1840.
Id.	Paq. 14, n° 6 (Ambassade de M. de Rochepot), in-fol.	*Id.*
7 août 1840.	Ms. fr. anc. f., n° 9141. Lettres de Ant. Perez, in-fol.	16 oct. 1840.
16 oct. 1840.	Dupuy, vol. 268-272, in-fol.	1er mars 1841.
30 nov. 1840.	vol. 101-102, in-fol.	*Id.*
10 février 1843.	Ms. fr. suppl., n° 1958, t. 1er, 249 f. 261, n. (*sic*).	3 avril 1843.
3 avril 1843.	1958 [4]. Lettres de Nicaise, t. 4.	27 avril 1843.
25 août 1843.	Dupuy, vol. 101-102 (Traités de paix), 1 vol. in-fol.	31 août 1843.
22 mai 1844.	Carton des papiers de Racine : Cantique de Racine à la louange de la charité, 4 pag. in-fol.	18 août 1847.
Id.	Lettre de Boileau à Racine, 3 pages, avec un feuillet in-12 ayant des vers.	21 juin 1844.
Id.	Minute autographe du discours de Racine à l'Académie française, 3 feuillets.	*Id.*
Id.	Fragment d'un feuillet occupé par une lettre de M. de Bonrepos.	*Id.*
21 juin 1844.	Chemise n° 2. Lettre à Boileau, de Marly du 6 août, 3 pages in-fol.	28 juin 1844.
Id.	Même chemise. Lettre n° 28, du camp près de Namur, 15 juin 1692, écrite par Racine à Boileau.	*Id.*
Id.	12 pages in-8°, dont 11 écrites.	*Id.*
Id.	Chemise n° 2. Lettre n° 29, du 24 juin 1692, du camp de Namur, adressée par Racine à Boileau, 6 pages in-8° pleines.	*Id.*
7 juillet 1844.	Chemise n° 2. Lettre n° 20, au camp devant Mons, le 3 avril 1691. 4 pages pleines.	10 juillet 1844.
Id.	Autre lettre de Racine, chemise n° 2. Lettre n° 25, du camp de Gévrier, le 21 mai 1692, 4 pages pleines.	*Id.*
Id.	Autre lettre de Racine, chemise n° 2. Lettre n° 27, au camp de Namur, le 3 juin 1692, 11 pages cotées et 4 lignes à la 12e.	*Id.*
10 juillet 1844.	Tirées des cartons de Racine : Suite de la lettre n° 20 du 3 avril 1691, 2 pages écrites.	4 octobre 1844.
Id.	Chemise n° 5 *bis*, n° 26. Lettre du camp de Gévrier, du 22 mai 1692, 2 pages écrites.	*Id.*
26 juillet 1844.	Carton de Racine, n° 9. Lettre de Boileau à Racine, 9 août 1687.	31 mars 1845.
Id.	30. Lettre de Racine à Boileau, 3 oct. 1692.	*Id.*
Id.	48. Lettre de Boileau à Racine. Auteuil, mercredi.	*Id.*
Id.	Lettre de Racine à son fils, 24 juillet.	*Id.*
Id.	Lettre de Racine à son fils, 16 mars.	*Id.*
11 juillet 1845.	Ms. fr. suppl., n° 2810. Mémoires de Brossette, in-4°.	22 mai 1847.

D.

Dans plusieurs lettres citées par M. Libri (p. 258-263), il est dit par M. Feuillet et d'autres personnes que M. Duchesne a vendu ou fait vendre à quelques amateurs des parchemins portant la signature de personnages illustres, et provenant d'un triage des résidus de la Cour des comptes, achetés, puis revendus à l'État par Beaumarchais.

Je répondais à ces allégations :

Il est de toute notoriété, que l'administration de la Bibliothèque, et, à plus forte raison, un conservateur en particulier, ne peut pas vendre une partie quelconque des collections acquises au service public.

La lettre du ministre de l'Intérieur, du 20 janvier 1823, qui autorisait cette vente de parchemins dont on a fait si grande clameur, s'est malheureusement égarée. Mais tout n'a pas disparu. En voici une que j'ai retrouvée, et qui peut y suppléer; elle est du 27 décembre 1824, et vient du même ministre, à l'administrateur de la Bibliothèque :

« Monsieur, d'après une demande que vous m'adressâtes le 16 décembre 1822, je vous autorisai, le 20 janvier suivant, à désigner un élève de l'Ecole des chartes, pour faire le choix de vieux parchemins renfermés dans un grenier de la Bibliothèque, et à vendre *ceux qui ne seraient d'aucun intérêt pour l'histoire.* »

Et le Conservatoire, dans sa séance du 5 février 1823, avait délibéré, en conséquence de la lettre du ministre du 20 janvier, pour autoriser l'administrateur à vendre à MM. Pochard et Henri (papetiers) 1500 *livres* de parchemins *triés* jusqu'à ce jour, et à les leur céder *à raison de 2 fr. 50 c. la livre.*

En marge de la lettre que je viens de citer, il est annoté de la main de M. Dacier : « Répondu le 30 décembre, conformément aux notes et à la minute ci-jointes. »

Voici ce que portent ces notes et cette minute, de la main de M. Guérard, qui les reconnaît et les certifie authentiques et véritables.

« Le triage des vieux parchemins se poursuit avec la plus grande activité. Déjà plus de la moitié des combles qui les renferment est déblayée, et je tiens la main à ce que ce travail soit terminé le plus promptement possible.

« Je tiens un compte exact de mes recettes et de mes dépenses, et j'aurai l'honneur de les mettre sous les yeux de V. E., aussitôt que le travail des parchemins sera terminé.

« Il a été mis à part, dans le triage des vieux parchemins, *plus de trente mille pièces, remplissant déjà trois grandes armoires.*

« Ces pièces consistent en édits bursaux, rôles de montre et de fouages, en *quittances de toutes espèces, relatives à toutes sortes d'objets.*

« Elles sont destinées, pour la plupart, à entrer dans le cabinet des titres généalogiques.

« *Le grand nombre de signatures autographes appartenant aux personnages illustres de la France,* qui ont été découvertes, a permis de former *une collection* déjà très-nombreuse de ces sortes de pièces, et qui pourra comprendre, lorsque ce travail sera terminé, la très-grande partie des hommes célèbres qui ont paru depuis Charles VII jusqu'à Louis XV. »

Ces messieurs doivent savoir, ce que n'ignorent pas des enfants, que le bureau d'un conservateur n'a jamais pu devenir un comptoir de marchand; qu'on n'a jamais vendu aucune pièce, ou du moins jamais pu en vendre aucune légitimement, de la main à la main, dans un département de la Bibliothèque; qu'il y a des formes établies pour les aliénations, mais par voie d'échange.... (*Lettre à M. Libri*, p. 23, 26.)

FIN.

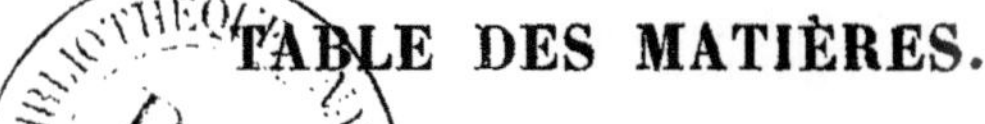

TABLE DES MATIÈRES.

www.ingramcontent.com/pod-product-compliance
Ingram Content Group UK Ltd.
Pitfield, Milton Keynes, MK11 3LW, UK
UKHW020413230726
13925UKWH00004B/1401